KB000346

주디스 버틀러의 『젠더 허물기』 읽기

세창명저산책_096

주디스 버틀러의 『젠더 허물기』 읽기

초판 1쇄 인쇄 2022년 10월 31일
초판 1쇄 발행 2022년 11월 7일

—

지은이 조현준
펴낸이 이방원
기획위원 원당희
편　　집 박은창·김명희·안효희·정조연·정우경·송원빈
디자인 손경화·박혜옥·양혜진　　**마케팅** 최성수·김 준·조성규

—

펴낸곳 세창미디어

　　　신고번호 제2013-000003호　　주소 03736 서울시 서대문구 경기대로 58 경기빌딩 602호

　　　전화 723-8660　　팩스 720-4579　　이메일 edit@sechangpub.co.kr　　홈페이지 http://www.sechangpub.co.kr

　　　블로그 blog.naver.com/scpc1992　　페이스북 fb.me/Sechangofficial　　인스타그램 @sechang_official

—

ISBN 978-89-5586-745-9 02300

이미지 출처: Author: Miquel Taverna | Source: Centre de Cultura Contemporània de Barcelona

https://commons.wikimedia.org/wiki/File:Judith_Butler_al_CCCB_2018.jpg

세창명저산책_096

조현준 지음

주디스 버틀러의 『젠더 허물기』 읽기

세창미디어
MEDIA

나를 허물고 우리로, 우리가 만드는 합주 행위

젠더[1]가 허물어진다. 최소한 젠더가 허물어지는 시대를 우리는 살고 있다. 젠더가 행위를 통해 구성된다는 '젠더 수행성 이론'으로 많은 주목을 받았던 주디스 버틀러Judith Butler는 2004년을 기점으로 허물기에 대해 이야기하기 시작한다. 내 몸은 내 것인 동시에 내 것이 아니고, 나는 내가 택한 적 없는 사회 세계로 열려 있다. 이제 누구든 항상 온전한 상태로 있을 수는 없고, 우리는 서로에 의해 허물어진다.

---

[1] 생물학적 성별에서 비롯되는 것과 다른, 문화적 성의 특성을 말한다.

『젠더 허물기*Undoing Gender*』(2004)는 『젠더 트러블*Gender Trouble*』 (1990)로 대표되던 버틀러의 초기 젠더 이론에 작은 변화가 생겼음을 알려 주는 신호탄이다. 1990년 출간된 『젠더 트러블』이 비결정적이고 불확정적인 젠더가 구성되는 이론적 양식을 논의했다면, 그로부터 14년이 흐른, 2004년 출간된 『젠더 허물기』는 성적 비결정성이나 불확정성으로 고통받는 현실의 인터섹스[2]와 퀴어의 삶의 문제에 주목한다. 살 만한 삶과 살기 좋은 삶을 위한 사회적 조건을 모색하고 그 안의 젠더 자유를 꿈꾼다.

개인의 삶의 의미는 자족적이고 독립적인 것이 아니라 사회적 의미망과 상호관계 속에 구성되며, 그 사회 속 개인은 상호의존성과 상호관계성 속에 허물어진다. 과거 개별 '젠더'의 계보학적 구성을 이론적으로 고찰하던 버틀러는, 이제 개인이 구성하는 젠더보다 인간들 사이의 상호성에 주목한다. 인간은 몸을 가지고 있고, 감정의 관계 속에 살아가기 때문에 정신보다 나약하고, 이성보다 취약하다. 젠더도 관계성 속에 형성되므로

---

2   태어날 때 양성적 특징이 모두 나타나거나 이차성징을 보이면서 남성으로도, 여성으로도 확정할 수 없는 성, 즉 간성(間性)을 뜻한다.

상호의존과 상호관계에 열려 있다. 과거의 계몽주의 이성중심주의가 주장한 것과 달리, 독립적이지도 자율적이지도 못하다. 그래서 개별적이고 단독적인 '나'는 언제나 관계적이고 다수적인 '우리' 앞에 허물어질 수밖에 없다.

나의 즉흥성도 사회의 규제성 안에서만 의미화된다. 내가 나를 표현할 자유는 사실상 사회에서 제시된 선택지 중 하나를 고르는 것이지, 완전히 새로운 의미를 나 스스로 창출할 수는 없기 때문이다. 이 세상에 산다는 것은 모방과 학습의 과정이고, 창조성은 규범의 반복 훈련에서 파생된다. 따라서 완전한 자유는 없다. 자유는 타율성을 전제로 하고, 즉흥성은 규제를 기반으로 한다. 내 몸과 관련된 나의 젠더는 나의 것이 아니라 감정의 관계로 열려, 상대방에게 의존하면서 형성된다. 따라서 내가 즉흥적으로 연출하는 나의 젠더도 그 사회가 용인하는 의미 질서와 규범 속에서 작동된다.

젠더의 의미는 상호성과 관계성으로 더욱 열린 한편, 현실의 가능한 삶을 향한 논점은 보다 현실화되고 구체화되었다. 10여 년 전 모든 정체성의 범주적 의미화에 저항하던 버틀러는 이제 유대인, 여성, 철학자, 퀴어로 스스로를 전면화하고 개인의 역사를 드러낸다. 그녀가 말하는 현재의 '나'는 체계적 학제 교육에 평온하게 적응한 철학자가 아니라, 소수자의 삶을 살면서 제도교육의 문제점을 비판적으로 지목하고 문제를 제기하는 철학의 이단아이자 철학의 문제아이다.

버틀러는 『젠더 트러블』 초판 서문에서 젠더의 의미를 둘러싼 현대 페미니즘의 논쟁이 트러블에 도달했지만, 트러블이 있다고 해서 부정적인 가치를 가질 필요는 없다고 말한다. 트러블을 일으키는 것은 보통 누군가를 곤경에 빠뜨리는 것이라고 간주되지만, 사실 트러블은 피할 수 없는 것이고, 최고의 트러블을 일으키는 것이 중요하다고 주장했다. 이런 사유는 도나 해러웨이Donna Haraway의 생각과도 통한다. 『트러블과 함께하기』(2016)에서 해러웨이는, 13세기 프랑스어로부터 유래된 '트러블'이라는 용어가 '불러일으키다', '애매하게 하다', '방해하다'라는 의미를 모두 갖고 있다고 말했다. 그리고 혈연적 자식이 아닌 종을 넘는 친척을 만들면서, 이런 트러블과 함께하는 것이 미래주의보다 더 중요할 뿐 아니라 더 현실적이라고 주장한다.

버틀러는 유년기의 자신을 트러블 메이커로 기억한다. 청소년기에는 타고난 젠더 정체성에 순응한 규범적 아이가 아니라,

안정된 젠더 규범에 반항하며 술집과 골방을 전전하던 젠더의 문제아이기도 했다. 안정된 제도와 규범에 트러블을 일으키고, 제도로서의 철학에 저항하고, 젠더 규범[3]을 문제 삼는 그의 문제의식은 비제도적 페미니즘 철학자로서의 인생, 비정상적 성장기와 비규범적 젠더[4]를 가진 레즈비언 여성으로서의 삶에 대해 이야기하고 있고, 젠더에서 더 나아가 인간의 존재론에 대한 사유로 확장된다.

'나'를 허물고 나는 '우리'로 확장되며, 우리가 함께 만드는 합주 행위는 우리의 행동에 새로운 의미를 부여한다. 그것은 독립적인 개인의 행위가 아니라, 언제나 다른 사람과 더불어 하는 행위이자 다른 사람을 위한 행위다. 다른 사람은 현실의 대상일 수도 있고, 상상의 대상일 수도 있지만, 우리가 하는 모든 행동이 다른 사람을 염두에 두고 있다는 뜻이다. 우리가 한 인간으로 인정받는 기준은 사회적으로 표명된 것이고, 변화할 수

---

3 여자는 여자다워야 하고, 남자는 남자다워야 한다는 사회적·문화적 규범을 말하며, '젠더 박스'나 '젠더 고정관념'이라고도 한다.

4 규범에 맞지 않는 젠더를 뜻하는데, 예컨대 여자가 남자답거나, 남자가 여자다울 때 그 남성성·여성성의 양상을 뜻한다.

도 있다. 요점은 우리의 행위나, 우리가 인간으로 인정받는 기준이 되는 관점이 이미 나의 외부에 최소한 동시에 존재하고 있다는 것이다.

『젠더 허물기』는 몇 가지 관점에서 『젠더 트러블』과 달라졌다. 독립적이고 자족적인 '나'는 상호관계 속에 서로 의존하는 '우리'로 인식론을 확장했고, 난해하고 복잡한 '이론'의 치밀함보다는 '현실'의 구체적 사안과 사례에 주목했다. 또한 나와 다른 타자를 어떤 방식으로 차별 없이 차이로 수용할 것인지를 '문화 번역'의 관점에서 고민했다. 과거의 『젠더 트러블』이 '나'의 불안정하고 비결정적인 젠더 모호성[5]을 옹호하면서 하나의 범주로 고정되지 않는 비정체성의 젠더 이론을 형성하고자 했다면, 『젠더 허물기』는 여성이면서도 사회적 소수자로, 또 성적 소수자로 살아가는 현실의 사회, 문화, 역사, 지역적 관계 속에서 소통하고 말하고 행동하는 정체성을 논의한다. 이것이 바로 문화 번역이라는 현실적 삶의 정치성이 주창되는 지점이다.

---

5   젠더는 유동적이고 가변적이라서 하나로 고정되거나 명확하게 구분될 수 없다는 특성이다.

무엇보다도 '나'는 '우리'로 허물어진다. 나를 '나'라고 말할 수 있는 인식, 우리를 '우리'라고 말할 수 있는 기준은 이미 나와 우리의 외부에 있다. 우리의 존재론적 의미가 우리 안에 있는 것이 아니라 우리를 둘러싼 관계, 우리가 사는 사회적 배경과 문화적 맥락, 그리고 우리가 다른 사람에게 보이는 호감이나 성적 경향과 관련되어 있다. 그런 의미에서 이미 우리는 우리의 외부에 있다. 그것이 나를 벗어난 내 옆, 내 밖에서 비롯된 나의 정체성이고, 나를 벗어나 미칠 듯 격노하거나 슬픔을 이기지 못해 '어쩔 줄 모르는beside oneself' '탈아적ec-static' 존재론이기도 하다. 우리가 스스로 선택하거나 결정한 적 없는 세상에 던져져 그 세상의 인식론과 판단 기준으로 이해되는 존재라면 우리 존재의 근원은 우리의 내부가 아닌 외부에 있다. 그런 의미에서 이 새로운 존재는 스스로의 기반을 흔드는 탈존적인 것이기도 하다.

버틀러가 제기하는 윤리적 문제는 차이에서 오는 도전을 배제하지 않으면서 어떻게 인식성의 척도를 문제 삼는 이런 차이를 대면할 것인가이다. 그것은 나와 다르다는 것, 그 차이가 내 존재에 위기와 문제를 가져온다고 하더라도 그 차이를 받아들일 수 있는 윤리적 방식이 무엇일까에 대한 고민이기도 하다. 또한 당시 미국의 신新젠더 정치학이 제도 의학의 관점에서 인터섹스를 강제로 교정 시술하려는 상황을 비판하는 것과 맥락을 함께한다. 2장에 나오는 브렌다/데이비드의 실제 사례에서 그 비판적 관점이 심층적으로 조망된다.

두 번째로 이런 차이의 윤리적 대면이라는 문제는 자연스럽게 사회 소수자에 대한 정치윤리적 성찰로 나아갈 계기를 마련한다. 창고에서 오래된 철학책을 독학하거나 유대인회당에서 랍비의 강의를 들으며, 비정통적 방식으로 철학 교육을 시작한 철학자, 게다가 유대인 퀴어라는 버틀러의 입지는 그가 사회 소수자의 문제에 관심을 갖게 만들었고, 이런 문제의식은 인터섹스나 트랜스섹스 문제로 확대되었다. 강대국의 제도권 교육자, 즉 미국 버클리대학 백인 교수로만 알려졌던 버틀러는 스스로를 유대인, 비학제적 교육을 받은 철학자, 젠더 동일시의 문제를 겪는 사람으로 정체화한다. 그래서 주변인이자 소수자로서 철학의 타자, 남성의 타자, 이성애자의 타자라는 '타자적 위상'에 대한 윤리적 접근 방식을 모색한다.

이 지점이 이론에서 현실로의 전환을 모색하는 대목이다. 버틀러는 철학이 나아갈 길은 철학 학제에서 인정하는 교과 목록상의 철학자 탐구만이 아니라, 이론이라는 이름으로 행해지는 여러 인접 학문과의 교류가 아닌지 고민한다. 버틀러는 또한 같은 방식으로 젠더 규범에 순응하는 전형적 여성만 여성인 것이 아니라, 젠더 교차적 동일시[6]를 하거나 기존 젠더에 동일시하는 데 곤란을 겪는 여성의 다양한 젠더 가능성에 대해서도 열린 사고를 할 수 있어야 하는 것이 아닌지 고민한다. 이는 비제도적 철학 공부와 비규범적 젠더 양식으로 이루어진 저자의 실제 정체성에서 비롯된 실천적 고민이기도 하다.

철학이라는 정체성, 젠더라는 정체성이 안정된 제도나 고정된 규제에서 자유로울 때 새로운 해석과 의미로 열릴 것이고, 이로써 비억압적이고 비폭력적인 미래로 향할 수 있다. 하지만 이런 움직임과 반대로 정통 철학, 규범적 젠더만을 고집하는 것은 억압과 폭력을 생산할 수 있다. 그렇다면 오히려 철학의 문제아, 젠더의 이단아가 철학의 타자로서, 또 젠더의 타자

---

[6] 타고난 생물학적 성별과 맞지 않는 젠더 동일시를 뜻한다. 성별과 젠더가 맞으면 시스젠더, 맞지 않으면 트랜스젠더라고도 한다. 성별과 젠더의 불일치 양상은 젠더 플루이드, 젠더 플럭스, 젠더 퀴어 등 다양하다.

로서 철학과 젠더 내부의 이질성과 차이를 드러내는 것이 동일시의 폭력을 막을 윤리적 방식이 될 수 있다.

또한 『젠더 허물기』는 현실의 젠더 반항으로 인한 피해 사례에 대해서도 논의한다. 1965년 캐나다 태생의 데이비드 라이머David Reimer는 남자로 태어났다가 포경수술이 잘못되어 거세되었고, 존 머니 박사의 지도로 여자로 길러졌으나, 다시 밀튼 다이아몬드 박사의 지도로 남자로 돌아왔고, 이후 복잡한 젠더 상황과 심리문제로 2004년 자살했다. 이 과정에서 주목받은 것은 한 인간 데이비드 라이머의 젠더 선택이 아니라, 후천적 구성주의와 선천적 결정주의라는 학계의 논쟁이었다. 그 논쟁의 한가운데에서 정작 당사자의 선택은 중요하게 여겨지지 못했고, 마지막까지 트러블과 함께했다. 이런 삶에서 살 만한 삶, 살기 좋은 삶의 가능성을 어떻게 발견할 것인지는 우리에게 숙제로 남아 있다.

마지막으로 버틀러는 다문화 시대에 차이를 마주할 윤리적 방법으로서 문화 번역의 가능성을 제기한다. 문화 번역은 『우연성, 헤게모니, 보편성』 이후 버틀러가 문화상대주의의 대안적 가능성으로 제시하는 개념이다. 시간, 공간, 국경을 넘는 글로벌 사회, 지구촌 네트워크 속에 상호의존성과 상호관계성을 체현하고 있는 현대인의 삶의 맥락에서, 문화 번역은 한 언어에서 다른 언어로의 변환 속에 일어나는 타자와의 대화적 관계의 가능성이자, 다양한 이질성과 정체성 간의 상관적 지식으로서 문화적 동요 속에 유동하는 공간과 서로 교차하는 다양한 경계 간의 교류를 의미하기도 한다.

이런 변환의 과정은 기존의 재현 체계를 위협하고 새로운 경계 넘기와 교섭의 가능성을 모색하면서, 보편성 개념에서 배제된 것으로부터 역사적이고 우연적인 자기정의를 발견하는 비유어 오용catachresis이나 수행적 모순으로 나타나며, 서로 '경쟁하는 열린 보편성'[7]으로 재소환된다. 그것은 자기 안에 '유령으로서의 타자'[8]를 포함할 가능성이자, 반토대주의적인 의미에서의 '구성적 외부'[9]가 될 잠재성이기도 하다. 경쟁하는 열린 보편

---

7 보편성은 처음부터 주어지는 것이 아니라 경쟁하는 특수성 중 우위를 점한 것이 보편성이 되며 이 보편성의 지위도 여전히 경쟁 중이라는 보편성에 대한 열린 관점이다.

8 자기동일성은 자기 안에 타자를 품지 않아야 하지만 언제나 유령처럼 출몰하는 타자는 내 안에 부정성으로 들어와 있다는 생각이다.

성으로 재소환된 문화 번역은 기존의 보편성 개념을 파괴하면서 보편성의 구성적 외부와 보편성의 우연적 경계를 구성할 수 있다.

보편성에서 배제당하면서도 보편성의 관점으로 주장을 한다는 것은 특정한 종류의 수행적 모순이 된다. 언어를 통해 발생하는 수행적 모순으로 보편성을 표명하는 것은, 미래의 민주적 기획에 합당한 보편성의 역사적 기준을 수정하고 재편할 수 있다. 보편성이 아직 분명히 표명되지 않았다는 주장은 '아직'이라는 말이 보편성 자체를 이해하는 데 타당하다는 주장을 하는 것과 같다. 즉 보편성으로 '구현되지 않고' 남아 있는 것이 핵심이 되어 보편성을 구성한다는 뜻이다. 보편성에 포함되지 않는 사람들이 보편성의 기존 공식에 도전하면서 보편적인 것이 표명되기 시작한다. 그것은 현 체계 안에서 '누구'라고 명명될 언어적 위치나 인식적 위치가 없으면서도, 보편성 개념에 포함될 것을 요구하는 사람들의 도전이기도 하다.

---

9   하나의 자기동일적 정체성을 구성하는 정체성의 외부를 뜻하는데, 이런 외부는 부정의 방식으로 정체성 구성에 개입한다.

다시 한번 정리해 보면, 『젠더 허물기』는 '나'를 '우리'로 확대하고, 이론적인 '젠더 계보학'보다 현실성이 강화된 '정치윤리학ethico-political bind'을 강화하며, 개별적이고 특수한 '젠더 수행 주체'에서 우연적이고 경쟁하는 보편성으로 전환함으로써 '문화 번역'의 가능성을 열어 간다. 나보다 우리라는 확대된 존재의 인식론과 함께 이론적 정교함보다 현실적 정치성을 중시하여 사회적 소수자가 놓인 현실의 '정치윤리적 성찰'을 강조할 뿐만 아니라 나아가 다문화 시대에 차이를 수용한 합당한 방식으로서 '문화 번역'의 가능성에 주목한다고 볼 수 있다.

　이 책은 주디스 버틀러의 2004년 저작 『젠더 허물기』를 읽어내는 다섯 가지 렌즈를 제시하고자 한다. 첫 번째 렌즈는 젠더 '행하기'에서 젠더 '허물기'로 전환하는 변화의 지점에 렌즈를 모았다. 나의 정체성, 나의 젠더와 섹슈얼리티[10]를 결정하는 내 즉흥적 행동이 사실은 타자와의 관계 속에 있다는 점에서 나를 허문다는 점을 강조하고 싶어서다. 주로 서문의 「합주 행위」를

10　어떤 대상에게 성애적 욕망을 느끼는지 그 경향에 따라 나타나는 특성을 말하며, 예를 들어 이성애, 동성애, 양성애 등이 있다.

축으로 해서 『젠더 허물기』 책 전체를 관통할 수 있도록 책 전반에 걸쳐 폭넓게 논의했다.

두 번째 렌즈는 '우리'라는 인간과 관계의 복원에 모인다. 앞서 말한 젠더나 섹슈얼리티도 중요하지만, 나를 '나'이게 하는 것이 나의 외부에 있기도 하므로 나를 구성하는 데 큰 영향을 주고 있는 우리라는 공동체를 생각해야 한다. 나는 타인에게 기대며 의존하고 있다. 생존의 면에서도, 사랑의 면에서도 마찬가지다. 이 렌즈는 『젠더 트러블』과 『젠더 허물기』를 비교하는 시각에 초점을 두고 있다.

세 번째 렌즈는 인터섹스와 트랜스섹스[11]가 처한 '현실'의 폭력에 대한 시점으로 모인다. 데이비드 라이머의 사례와 현실의 인터섹스 문제를 중심으로 논의했다. 라이머는 젠더 이분법의 희생자인 동시에 그 이분법을 넘을 새로운 인간의 가능성을 제시한 사람이다. 티나 브랜든, 매튜 셰퍼드슨, 그웬 아라우조가 트랜스 공포증의 희생자들이라면, 희생자가 아닌 퀴어 주체가

---

[11] 태어날 때 주어진 성별을 바꾼 경우를 뜻한다. 이는 문화적 표현뿐 아니라 생물학적 생식기의 변화를 포함한다. 트랜스섹스는 후천적 성 재배치 수술로 타고난 성을 바꾼 사람이다.

열어 낼 새로운 인간의 개념도 고찰할 필요가 있다. 2004년에 사망한 캐나다의 라이머와, 2004년 당시 철학의 타자로서 자신이 생각하는 새로운 이론에 정진하는 철학자 버틀러의 실제 사례를 중심으로 논의했다.

네 번째 렌즈는 소포클레스의 고전 그리스 비극 『안티고네』의 주인공 '안티고네'에 대한 새로운 시각이라는 렌즈다. 이미 버틀러는 『안티고네의 주장』(2000)을 통해 안티고네를 새로운 인간으로 읽어 냈다. 친족 교란[12]과 젠더 역전[13]의 주체가 어떻게 인간의 정의를 새롭게 만들 것인지를 논의했던 것이다. 그런데 그 이후 정신분석학에서 말하는 전이와 역전이의 관점에서 안티고네와 크레온의 관계를 다시 읽고자 한다. 욕망을 가능하게 하고 또 변화시키는 것이 무엇인지 고찰한다. 해당 부분은 2019년 여름 『비평과 이론』에 실렸던 논문을 수정하여 실었다.

---

12 안티고네의 존재 자체가 모자간 근친애(아들 오이디푸스와 엄마 이오카스테)의 결합이 만든 소산이기 때문에 모든 친족 관계를 뒤흔든다.

13 안티고네의 영웅미는 남성적 당당함과 오만함으로 표현된다. 여기서 여성 영웅인 안티고네가 남성적으로 그려지므로 젠더가 뒤집힌다고 볼 수 있다.

다섯 번째 렌즈는 '인간' 자체에 그 초점이 모인다. 인간을 인간이게 하는 것은 무엇이고, 인간이 아니게 하는 것은 무엇인지에 대한 성찰이다. 어떤 면에서, 인간을 인간이게 하는 것은 몸과 감정이다. 몸은 나약하고 감정은 취약하다. 이런 나약함과 취약함이 우리를 타인에게 의존하고 연루되게 한다. 그런데 이런 의존과 연루는 나쁜 것이 아니다. 근대성과 계몽주의 기획이 예찬한 자율적이고 자족적인 주체가 되지 못한다고 해도 나 이전에 너의 존재를 인정하고 받아들이는 인간적인 모습이기 때문이다. 이런 공통의 토대 위에 인간은 연대하지만, 다른 한편 '인간 규범'의 권력적 위계화에는 저항해야 한다. 그리고 너와 나의 근본적인 취약성과 상호의존성 속에서 미래로 열린, 새로운 인간의 개념을 창출해야 한다.

『젠더 허물기』는 1999년부터 2004년까지 기존 논문과 글을 모은 선집이라서 각 글들은 독립적인 글로도 손색이 없다. 사실 이 저작에는 말 걸기addressing와 정체성 형성, 윤리적 폭력 비판, 경쟁하는 보편성, 인간적 삶의 가능성 등 후기 버틀러를 이해하는 핵심적인 아이디어들의 단초가 곳곳에 깔려 있다. 과거의 『젠더 트러블』이 '나'의 불안정하고 비결정적인 젠더 모호성을 옹호하면서 하나의 범주로 고정되지 않는 비정체성의 젠더 이론을 형성하고자 했다면, 『젠더 허물기』는 여성으로, 사회적 소수자로, 또 성적 소수자로 살아가면서, 사회적 공동체인 '우리' 앞에 놓인 현실적 사회, 문화, 역사, 지역적 관계 속에서 소통하고, 말하고, 느끼는 삶의 구체적 정체성을 논의한다. 이 시점이 바로 문화 번역이라는 현실적 삶의 정치성이 제기되는 지점이다. 이런 단초들이 모여 2004년 이후 출간되는 『위태로운 삶』(2004), 『윤리적 폭력 비판Giving an account of oneself』(2005), 『전쟁의 틀Frames of War: When Is Life Grievable?』(2009), 『지상에서 함께 산다는 것Parting Ways: Jewishness and the Critique of Zionism』(2012), 『연대하는 신체들과 거리의 정치』(2015), 『주체의 의미Senses of the Subject』(2015), 그리고 『비폭력의 힘The Force of Nonviolence』(2020)의 초석이 된다.

1장

[첫 번째 렌즈]
젠더 행하기와 젠더 허물기:
나의 즉흥성과 사회의 규제성

『젠더 허물기』는 '합주 행위'라는 제목의 서문으로 시작해 '철학의 타자가 말할 수 있는가?'라는 글로 끝이 난다. 서문까지 포함해 12개의 글을 수록하고 있다. 대략 2000년대 초반에 쓰인 글들을 모아 편집하면서 서문을 새롭게 추가했다고 할 수도 있겠다. 이 책은 개인의 젠더보다 우리라는 공동체의 사회적 관계성을 강조한다. 또한 '우리' 안에서 '나'를 잃는다는 것의 의미를 탐색한다. 사회 속의 젠더 규제를 살피고, 이런 젠더 규제가 개인에게 어떤 삶을 주는지를 모색한다. 이 12편의 글은 독립적인 개별 글로 봐도 손색이 없다. 그런 한편, 12편의 글을 관통하는 공통 화두는 아마도 서문의 제목에 해당하는 합주 행위가 될 것이다.

'합주 행위'의 핵심은 우리가 서로 다른 악기를 연주하고 차이를 대면하면서도 함께 아름다운 선율을 이루며 평화롭게 공존할 가능성을 모색하는 데 있다. 이런 합주 행위가 가능한 것은 타자를 배척하지 않는 사회관계 속에서 가능하다. 그러려면 비규범적 삶의 양태나 젠더 정체성, 학문 혹은 생활의 타자가 인정받고 존중받는 문화와 환경이 중요할 것이다. 그래서 '나'라는 개인적 정체성이 '우리'라는 맥락적인 관계로 변화해야 한다는 점, 그 과정에서 단일하고 공고한 개인의 젠더가 어느 정도 허물어질 수밖에 없다는 점이 이 책이 말하는 가장 핵심적인 주제일 것이다.

'젠더 허물기'는 기존의 '젠더 수행성' 논의를 떠올려 보면 얼핏 행하기/허물기, 제작/해체, 만들기/부수기라는 대립 구조 각 항의 두 번째 항들을 지칭하는 것처럼 보인다. 하지만 초기의 젠더 수행성에서 말했던 젠더 논의의 사회적, 역사적 맥락이 더욱 부각되었을 뿐, 원래의 계보학적 입장에는 변함이 없다. 오히려 기존의 관점이 더욱 복합적이고 심화된 국면이라고 이해하는 것이 더 합당하다.

『젠더 허물기』는 서로 다른 글로 이루어졌는데도 그 그들이 어우러져 묘한 앙상블을 이룬다. 마치 12개의 악기가 하나의 연주곡으로, 12개의 곡이 하나의 연주 합주곡으로 모인 것과 같다. 이 책을 한 편의 협주곡으로 본다면 개별 글은 각자 자신의 음역대와 음색을 가진 악기로 작용한다. 각 장은 서로 다른 악기처럼 각자 다른 이야기를 하고 있으나 이 글들이 모여 하나의 콘체르토를 연주하는 것이다. 이는 버틀러의 관심이 특정 젠더의 개별 주체에서 공동체의 규범으로 이동했음을 보여 준다. 개인의 즉흥성은 언제나 사회의 규제성 안에서 움직이며, 인간은 몸의 문제와 감정의 문제로 인해 근본적인 취약성과 상호의존성이라는 공통의 반복 후렴구를 갖고 있다.

여기서 『젠더 허물기』 책 전체를 관통하는 세 가지 관점을 제시해 볼 수 있다. 우리라는 '공동체'에 대한 관점, 기존 규범에 대한 '비판적' 독서, 미래에 대한 '변혁 가능성'의 관점이다. 우리가 독자적 개개인이 아니라 공동체 안의 존재라고 생각한다면, 기존의 이분법적 관점 혹은 규범적 관점을 비판적으로 읽어 낼 수 있고, 이런 비판적 관점의 비평성은 새로운 변화로 열린 미래를 촉구할 수 있다는 생각이다. 나를 포괄하는 공동체의 관점, 나아가 기존 이분법을 벗어나는 비판적 사유의 가능성, 마지막으로 이런 비평성이 변화시킬 새로운 미래의 가능성이라는 층위에서 이 책에 접근할 수 있다.

1. 나를 포함하는 우리 공동체

우선 새로운 공동체의 윤리를 발견하려는 관점에 주목해 볼 수 있다. 「나 자신을 잃고: 성적 자율의 경계에서」는 살기 좋은 삶은 어떤 것인지, 삶에 인식 가능성을 주는 것은 무엇인지에 대한 문제의식에서 출발한다. 장 제목인 '나 자신을 잃고'는 다의적 함의를 가지는 말로, 일차적인 사전적 정의로는 감정의 격동 속에 '제정신을 잃고', '미칠 듯이 분노하여' 또는 '미칠 듯이 슬퍼하며'라는 뜻을 갖는다. 버틀러가 강조하는 공동체에 대한 개인의 의존을 염두에 두면 '나 스스로를 벗어나' 공동체 속에서 그리고 황홀한ec-static 관계성 속에서 정체성의 의미를 모색하는 탈존적, 탈정태적 주체ec-stasy, ex-stasis(ex-istence)라는 의미도 된다. 이는 한편으로는 젠더 정체성이나 성적 자율성의 경계에 있는 많은 퀴어와 성소수자들에 대한 편견과 차별에 분노와 흥분의 감정을 전하면서, 다른 한편으로는 결국 혼자만의 삶이란 것이 존재할 수 없는 공동체 사회 속에서 관계적 정체성이나 상호의존적 정체성을 모색하려는 것이기도 하다.

이를 위해 문화 번역의 필요성이 다시 한번 주장된다. 『헤게모니, 우연성, 이데올로기』에서 주장되었던 문화 번역은 인간 존재론의 기본 범주를 재의미화할 가능성으로 모색된다. 문화 번역은 한 언어가 다른 언어로 변하는 게 아니라 상대를 이해시키기 위해 양쪽 언어가 다 변해야 하는 것이다. 무엇이 옳고 그르며, 무엇이 선하고 악한지, 무엇이 정당하고 부당한지는 문화 번역의 한가운데 있다. 문화 번역의 가능성은 우리가 안다고 생각하는 것의 한가운데에 모르는 게 있을 수 있다는 불확실성을 인정하고 이런 불확실한 미래로 기꺼이 열어 냄으로써 기존의 고정된 근본적 범주를 뒤엎을 긴장 속에 우리를 계속 열어 두는 데 있다.

국제주의나 보편주의는 유럽 중심적 주체 범주를 기준으로 삼아 세계 자본의 권력 행사와 그 차별적 착취 형태를 은닉하는 결과를 가져오는데 이때 유럽 중심적 주체로는 사유할 수 없는 제3세계의 빈곤해진 삶의 형태에 대해서도 생각해야 한다. 인도 작가 마하스웨타 데비Mahasweta Devi의 작품을 번역한 기야트리 스피박Gayatri C. Spivak은 번역을 통해 제3세계 언어를 제1세계로 전했다. 스피박은 남아시아 부족의 글쓰기가 단순히 부족적인 것만이 아니라 부족성을 경유해 세계성에 대한 해석을 제시한다고 본다.『상상의 지도: 마하스웨타 데비의 세 가지 이야기』의 서문을 보면, 스피박은 제3세계 유산계급과 제1세계 이민자들 간의 공모를 무시할 수 없다고 주장한다. 부족적인 것과 세계적인 것의 연결과 둘을 횡단하는 일이 저자성의 균열 속에 일어난다. 이처럼 번역은 언제나 전유의 위험을 안고 있는 동시에 반식민주의의 가능성도 갖고 있다. 예컨대 지배 언어를 종속 문화의 언어로 번역할 때, 지배 언어는 종속 언어의 맥락에서 모방되고 전환되어 변화를 가져올 수 있고, 그것이 바로 문화 번역이라는 제1세계 지식인들의 자기 제한적 실천이 된다. 이는 또한 보편성이 무엇인가라는 질문에 열린 틈을 허용하는 것이기도 하다.

인간 개념 자체도 오랫동안 문화 번역 속에서, 또 문화 번역 과정을 통해서 만들어질 뿐이라는 점을 인정하는 것이 매우 중요하다. 문화 번역은 경계가 분명하고 뚜렷하며, 통일된 두 언

어 사이의 번역이 아니라 상대방을 이해하기 위해 양쪽 언어
가 둘 다 변하는 것이다. 이에 따라 친숙한 것, 지역적인 것, 이
미 알려진 것의 경계에서 언어의 변화로부터 오는 인식은 원천
언어와 목표언어, 즉 원어와 번역어 양쪽 모두에게 윤리적이고
사회적인 변화의 사례가 될 수 있다. 이것은 어떤 면에서 방향
상실을 의미할 수도 있지만, 기존 의미를 상실하는 새로운 의
미를 만들면서 인간으로 하여금 새로운 존재가 될 가능성을 열
어 낸다.

2. 위계적 이분법 비판: 인간, 젠더, 친족

이런 문제의식은 기존 논의에 대한 비판적 성찰로 이어진다.
그래서 이 책을 아우르는 두 번째 테마는 기본 규약이나 규제
의 문제점에 대한 비판적 시선이다. 규제나 규약이 그 자체로
나쁜 것은 아니지만 하나의 고정성으로 굳어지면 차이를 억압
할 위험이 있다. 「젠더 규제들」은 인간의 인식성과 지식 체계
에 엄청난 영향을 미치는 당대 제도 담론의 규율 권력을 젠더
의 관점에서 조망하고 있다. 푸코가 역사적이고 문화적인 규범

으로서의 규제 권력을 주장하면서 젠더 또한 그런 규제 권력의 한 사례라고 본다면, 버틀러는 젠더가 규제 권력이 작용하는 더 큰 규제 작용의 사례라고 본다. 그리고 젠더를 지배하는 규제 장치가 그 자체로 젠더 특정적 규제 장치가 되는 규제 권력에다가 단순히 젠더를 포함시키는 것에 반대한다. 젠더 규제를 규제 권력의 모범으로 세우려는 것이 아니라, 젠더가 젠더의 규제 체제와 규율 체계를 필요로 하고 또 확립한다고 보는 것이다. 규제 권력이 주체를 만드는 것이라면, 젠더는 그런 규제 권력의 일부가 아니라 주체를 형성하는 별도의 중요한 규제 체제이자 규율 체제가 된다.

「젠더 규제들」은 젠더를 규제하는 라캉의 상징계를 중심으로 한 구조주의 정신분석학을 비판하는 장이기도 하다. 상징적 위치와 사회적 규범이라는 문제를 통해, 프랑스 정신분석학자 라캉에게 과연 상징적 위치란 변화 가능한 것인지를 비판적으로 심문하고, 만약 변화가 불가능하다면 이미 고정된 권위적 법질서가 되는 것은 아닌지 의심한다. 대문자 법Law[14]과 소문자

---

14   불변하는 상징적 법칙으로서 모든 것을 지배하는 하나의 통치 원칙을 말한다.

법laws[15]은 불변하는 유일법과 가변적인 현실 법규들과 유비 관계에 놓여 있다. 즉 라캉식의 상징 질서가 대문자 법으로 표현되는 변화 불가능한 초월적 법이라면, 소문자 법으로 표현되는 사회 규범은 변화 가능한 다양한 법규들과 규칙들이라 할 수 있다. 중요한 것은 소문자 법이다. 변화되기 어려운 정신분석학의 대문자 법이 새로운 재의미화의 가능성을 배제하는 신학적 충동에 가깝다면, 상징적 권위에 저항하는 사회 규범의 구성성을 나타내면서 얼마든지 변화 가능한 소문자 법들이야말로 변혁의 잠재력이며, 시간성 속의 규범이 그 내부로부터 위치 이동과 전복에 열릴 가능성이라고 보는 것이다.

규범으로서의 젠더도 개개인의 주체성이 아니라 주체의 인식 가능성 영역에서 생산되는 사회적 권력의 한 가지 형태로 나타나며, 이런 규범의 이상화idealization는 심문과 추궁을 통해 탈이상화되어야 한다. 그것이 스스로의 안정된 토대에 의문을 품고 열린 미래의 가능성을 추구하는 비평적 관점의 요건이며, 문화 번역으로 열린 보편성이 모색하는 변화의 출발점이기도

---

15 가변적인 사회문화적·역사적 맥락 위의 실제 다른 여러 법들을 말한다.

하다. 젠더 또한 규제에 선행하는 것이 아니라, 젠더화된 주체가 젠더의 모양을 만들고 그런 젠더 주체를 생산하는 규제 권력에 의해 생산된다고 파악된다. 따라서 젠더 규제는 주체를 보통의 젠더를 가진 주체로 규정하는 제도화된 역학 관계로 볼 수 있다.

이런 젠더 규제는 특정한 법칙이나 규칙이 아니라 사회적 인식가능성을 표출하는 '규범'의 지배를 받는다. 다름 아닌 규범이 사회적 영역에서 '무엇이 나타나고 무엇이 나타나지 않을지'의 범위를 정하는 것이다. 젠더는 남성성과 여성성의 생산과 규범화가 일어나는 장치인데, 이런 생산과 규범화는 그 젠더가 띠고 있다고 가정되는 호르몬, 염색체, 심리, 수행적 특성들의 사이에 있는 사이-형식으로 발생한다. 중요한 것은 이런 규범을 붕괴시키고 규범의 지배에 저항할 방법을 모색하는 것이다. 이런 외부 요건이 규범과의 관계에서 규정되는 한, 규범의 외부에 있는 것은 규범의 지배에 저항하는 데 사실상 도움이 되지 않는다. 젠더의 다양성을 주장하거나, 하나이며 유일한 성으로서의 남성에 대항하거나, 아니면 양적인 의미에서의 젠더에 대한 설명을 피할 새로운 방법적 접근이 필요할 것이다.

이를 위해서는 '상징적 위치'와 '사회적 규범'을 구분해야 한다. 라캉의 상징적 위치는 사회적인 것 외부에 있어서, 사회적으로 구성되고 변화도 가능한 위치와는 별개의 것으로 설명되는데, 지금의 논의 안에서 상징적 실체는 이성애를 규범으로 규정하며 자기정당화 기능을 한다. 친족의 대안을 도모하고 규범적 가족에 저항하는 사람들에게는 이 상징계가 매우 큰 문제가 된다. 상징계가 언어습득 이후 욕망이 충족될 수 없는 주체의 영속적 균열과 결핍 상태를 의미한다면, 그 안의 상징적 위치나 그 위치 위에서 만들어진 상징적 실체도 영속적이고 불변하는 것이 되기 때문이다. 반면, 규범은 수행적인 것이며, 필연적 시간성 때문에 내부로부터의 변경과 전복에 열려 있어서 변화 가능하다. 그래서 규제에 대한 상징계 개념을 사회계 개념으로 전환해야 한다는 것이 버틀러의 주장이다. 사회계 혹은 사회적인 것으로의 전환이 있을 때 규범은 사법적 요소의 부정적 제약을 더 긍정적인 규범화로 바꾸면서 사회적 기제에 대한 제약을 변화시킬 수 있다.

그런데 자신을 규범으로부터 해방시키려는 노력이 오히려 규범을 더 강화할 수도 있다. 에발드François Ewald는 비정상적인 것이 정상과 다른 본성을 가진 것이 아니라고 주장한다. 비정상 또한 정상과의 관계에서만 규명이 가능한 것이라면, 규범이나 규범적 공간의 외부는 없기 때문이다. 규범에 대한 모든 저항은 이미 그 안에 규범을 품고 있기 때문에 규범이 작동하는 데 핵심적 작용을 하게 된다. 따라서 상징계를 사회계로 변화시키는 데도 막다른 국면이 나타난다. 규범은 독립된 추상적 개념이 아니라, '행위 양식'이라는 점에 유념해야 한다. 결국 규범 역시 수행적이다. 이런 규범의 수행적 특성은 규범을 반복적 수행의 행위로 실현되는 사회적 개입의 장으로 만들 수 있다. 젠더규범이 재생산되는 한, 이 규범은 몸의 실천을 통해 소환되고 인용된다. 그리고 이런 몸의 실천은 그것을 인용하여 반복 사용하는 과정에서 젠더를 변화시킬 능력을 갖는다.

성희롱이나 성추행, 혹은 성적 뉘앙스를 풍기는 혐오 발화를 제한하는 사회적 규제는 대부분 아무런 표시 없이 다른 활동, 즉 특정한 인간성의 요소를 생산하는 활동도 한다. 그것은 사람들이 만들고 부수는 삶의 조건인 동시에, 그 삶을 초월하기도 하는 어떤 추상적 규범에 따라 인간을 만들고 있다. 따라서 규제나 제약은 특정 행위에 대한 금지와 억압의 문제가 되기에 앞서 어떤 인식 자체의 토대가 된다는 점에 유념해야 한다. 문제는 규범과 비규범, 혹은 허용과 금지라는 규제 자체가 아니라 규범이 무엇인가를 허용함으로써 인식 가능성 혹은 이해 가능성을 특정 방향으로 결정짓게 된다는 사실이다. 따라서 이 문제는 단순히 무엇인가를 억압하는 것에 그치지 않고 규범의 규제를 통해 인간의 조건을 생산하는 현실의 상황으로까지 나아가는 문제임을 직시해야 한다. 몸의 실천이 소환되고 또 반복해 인용되는 과정에서, 문화적 인식 가능성의 조건으로 작용하는 젠더의 문제를 우리가 어떻게 극복할 것인지 방법을 발견할 수 있다.

이런 발견과 변화의 실천적 양상도 제시된다. 「누군가를 공정하게 평가한다는 것: 성전환과 트랜스섹슈얼의 비유」는 현실 속 인터섹스의 사례 분석을 통해 현재 미국 의료계에서 행해지는 성 교정 시술이 사실상 전통적 성 규범이 인간의 몸에 가하는 폭력이자, 유명한 학자가 의료 업적을 높이기 위해 이용하는 도구에 불과하다고 비판적으로 성찰한다. 누군가의 몸과 젠더를 공정하게 평가하기 위해서는 당사자의 자기이해와 욕망의 발견이 우선시되어야 한다. 그런데 인터섹스 담론은 때로

의학적 성과를 위해 개인의 삶을 희생시키고, 인터섹스 당사자에 대한 진지한 관심이나 고민을 결여하고 있다. 실제로 데이비드 라이머는 남성 유전자를 갖고 태어났지만, 유아기에 의료진의 실수로 성기를 훼손당하고, 이후 의료진에 의해 여성으로 살도록 교육받고 여성의 몸을 만들어 가던 중, 청소년기에 결국 여성의 정체성에 적응하지 못해 다시 남성의 몸으로 돌아가려고 노력했던 사례다. 그는 의료 담론이 규정할 수 없는 새로운 젠더와 인간의 영역을 열었지만 결국 규범적 삶에 적응하지 못하고 38세의 나이로 자살했다.

데이비드 라이머의 사례는 존/조앤의 사례[16]로도 불리며 의료계의 많은 관심을 받았지만, 실상 한 개인의 인간적 존엄성과 선택의 존중 사례라기보다는 두 박사의 실험 대상에 불과했다고 볼 수 있다. 후천적 환경이 지배적이라는 존 머니John Money 박사와, 선천적 유전자가 결정적이라는 밀턴 다이아몬드Milton Diamond 박사의 의료 논쟁 속에서 개인으로서의 삶은 처참히 유린되고 망가졌기 때문이다. 1965년 캐나다 위니팩에서 브

---

16 라이머의 사생활 보호를 위해 처음에는 가명을 사용해 보도되었다.

루스 라이머로 태어난 그는 남동생 브라이언과 일란성 쌍둥이였다. 그는 생후 8개월 때 의사의 기계 작동 실수로 음경에 심한 화상을 입은 뒤 사실상 거세되었다. 이런 상황에서 남자로서의 삶을 잘 살 수 있을지를 고민하던 데이비드의 부모는 대중매체를 통해 머니 박사를 알게 되었다. 데이비드의 부모는 트랜스섹스나 인터섹스라고 해도 성전환 수술로 안정된 삶을 누릴 수 있다는 머니 박사의 권고를 받아들여 아들이 머니 박사의 젠더 센터에서 정기 검진을 받도록 허락했고, 아들의 몸에 여성 생식기를 만들고 이름도 '브렌다'로 바꾸게 했다.

그러나 브렌다는 이런 삶에 만족하지 못했다. 남성으로서 자신의 정체성이 자꾸 표출되어 여성 범주에 안정적으로 속하는 데 어려움을 겪었기 때문이다. 그러던 중 젠더를 결정하는 것은 본질적 젠더 핵심이라고 주장하는 다이아몬드 박사를 만나게 되었고, 데이비드는 원래 남자로 태어났으니 다시 남자로 돌아가야 한다는 박사의 조언에 힘입어 자신의 젠더 부적응을 극복할 힘을 얻게 된다. 그는 몇 차례 수술로 어느 정도 여성으로 바뀐 몸이었지만 더 이상의 수술, 즉 유방 확대술과 질 완성 수술을 거부했다. 대신 완전히 방향을 바꾸어 남성 호르몬을

투여받고 성전환자용 수술에 사용되는 음경을 달게 되었다.

　이 일련의 과정에서 가장 핵심적인 문제는, 한 개인의 젠더 결정이라는 중대한 판단을 하는 데 가장 중요한 부분이 초반부터 경시되거나 배제되었다는 점이다. 중요한 것은 환자를 진찰하는 의사가 아니다. 당대의 젠더 규범으로는 어떤 이름을 붙일 수도, 어떤 판단을 할 수도 없는 젠더 크로싱이 현재 진행 중인 바로 그 당사자의 몸과 마음이다. 그런데 현실은 달랐다. 어떤 박사가 연구를 진행했느냐에 따라 초점은 학술 논쟁, 즉 문화적 구성론과 생물학적 결정론의 논쟁에 놓이고, 한 개인의 주체적 삶의 선택은 아예 논의의 대상조차 되지 못했다. 결국 데이비드/브렌다 사례는 의료진의 학술 공방과 의료 논쟁의 장에 이용되었을 뿐, 여성으로 살지 아니면 남성으로 살지에 대한 개인의 선택이나 의지는 고려되지 않았던 현실을 보여준다.

　물론 자기결정을 할 수 없는 영유아의 진로 결정은 어느 정도 부모의 몫이다. 아이의 행복을 바라는 부모는 전문가인 의사나 학자의 견해를 따르게 된다. 즉 아이의 결정은 부모에게, 부모의 결정은 제도 의학에 좌우된다는 의미다. 결국 전문적 학술

견해라는 이름의 제도 담론이 한 개인의 인생을 좌우할 중요한 결정을 하게 된다. 그런 결정은 개인의 삶의 독특성이나 모호성을 제거하려는 이 시대의 제도 의학, 규범적 관행의 폭력적 결과일 수 있다. 다시 말해 진정한 젠더 감각을 찾는 과정에서 데이비드/브렌다의 몸과 인간성을 가늠하는 제도 담론의 지식 장치는 전혀 이 문제에 접근하는 방식에서 중심이 되지 못했다. 누군가를 공정하게 평가하기 위해서는 외부의 관점이 아니라 그 사람의 내면적 자기동일성과 욕망에 관심을 두어야 한다. 어떤 사람의 사례가 특정한 외적 담론이나 규범의 틀을 확립하는 데 이용된다면, 당사자에게는 상처와 절망이 되어 그 사람의 삶의 가능성을 훼손할 수도 있다.

데이비드는 '규범'과 '규범의 실패' 사이에 있다. 버틀러가 데이비드의 사례에서 찾으려는 것은 누군가를 공정하게 '평가'한다는 것의 어려움이라는 문제의식이기도 하지만, 이미 그 '공정'이라는 표현 속에 들어 있는 규범적 가치에 대한 비판적 인식이기도 하다. 데이비드의 새로운 젠더와 인간의 개념이 어떤 대안적인 새로운 장소나 세계를 제시하는 것은 아니다. 오히려 제도 규범으로는 어떤 의미로도 명명할 수가 없어서 익명으로

밖에 존재할 수 없는 사례를 제시함으로써 젠더의 인식성에 대한 조건이나 젠더의 경계조차 규범에서 자유롭지 못하다는 것을 말해 준다. 역설적이게도 그 누구도, 그 어떤 범주도 아닌 이런 '익명의 인간'이야말로 인간의 비평적 조건을 말할 수 있게 해 준다. 인간의 비평적 조건은 제도 규범 속에 완전히 수렴될 수 없기 때문이다.

1) 친족의 위계적 이분법 비판: 이성애만 언제나 옳은가

「친족은 언제나 이미 이성애적인가?」는 기존의 친족과 결혼 제도로 인한 여러 관계망과 삶의 가능성의 차등적 할당에 대한 비판적 성찰이라 할 수 있다. 이런 비판적 성찰의 시도 자체가 동성 결혼을 합법화하려는 운동, 혈연 동맹을 법적으로 인준하려는 운동과 직결되는 것은 아니다. 법적인 인정과 보호는 삶의 가능성을 개선할 한 가지 방법이지만, 동시에 기존 규범의 법제화 유지에도 기여하기 때문이다. 인간다운 인간, 살 만한 삶의 가능성을 높이는 동시에 기존의 잣대나 척도를 일단 수용하고 그 안의 인정을 도모할 수 있다.

그런 만큼 이성애적 결혼 규범에 반대하면서 동성 결혼을 합법화하려는 운동이나 결혼의 대안으로 법적 혈연 동맹을 추구하는 운동은 긍정성만큼 한계도 갖는다. 사실 그런 법의 범위에 포함되지 않는 많은 성행위와 관계망을 불법적으로 만들고, 이런 불법적 관계는 여러 법적 권리상의 비수혜층과 소외층을 형성할 수 있기 때문이다. 법적으로 인정받는 관계를 추구하는 운동은 합법/불법의 위계 구조를 만들고 퀴어의 삶 또한 합법/불법으로 구분하며, 불법의 형식도 여러 세부 항목으로 나눈다. 결혼을 하고 싶어 하는 동성 커플은 미래에 합법적 가족으로서의 적법성을 획득할 가능성이라도 있지만, 결혼 관계나 결혼으로 인정받는 대안적 형태의 범위 밖에서 작동하는 성적 행위 주체는 적법성을 획득할 후보조차 되지 못한다. 따라서 동성 결혼이나 대안적 가족 형태의 합법화 논쟁은 불법성의 세계를 오히려 공고히 하고 세밀화할 수 있다. 그런 방식으로는 미래의 그 어떤 변혁 가능성도 열기가 힘들다.

따라서 중요한 것은 이미 정해진 장소나 위치로는 파악할 수 없는 '새로운 비평성'의 개념을 제시하는 것이다. 이는 친족 논쟁과 관련해 우리가 정치적이기보다는 비평적이어야 한다고 주장하는 것이 아니다. 다만 비평적 이해를 통합하는 정치학만

이 자기반성적이고 비독단적인 방식을 주장하는 유일한 방법
이라고 말하려는 것이다. 정치적 인간이 된다는 것은 단순히
어떤 하나의 지속적 '입장'을 취하는 것이 아니다. 문제는 기존
의 법 안에서 인정을 받는 일이 아니라, 이런 법이 어떤 방식으
로 끊임없이 법이라는 입지를 구가해 왔는가를 밝히는 일이다.

시민 연대 협약PACS: Pacte Civil de Solidarité[17]에 관한 프랑스의 논
쟁에서 중심이 된 것은 결혼의 대안으로 인정받는 비이성애적
커플의 자녀 입양 가능성이었다. 프랑스 정부는 동성 커플의
합법적 위상을 인정하면서도 합법적으로 결합한 동성 커플이
자녀를 갖게 될 때 닥칠 문화적 위협에 대해서는 강하게 저항
했다. 프랑스에서 동성 파트너 가족의 입양 찬반 논쟁을 보면
특정한 욕망 관계가 국가의 합법성을 획득하느냐 혹은 그렇지
못하느냐의 문제만 있는 게 아니라는 것을 알 수 있다. 그것은
프랑스를 이성애적 국가로 만들고 싶은 주체가 누구이고, 이성
애적 욕망을 합법으로 규정한 국가를 원하는 사람이 누구인지

---

17 시민 연대 협약은 시민 연대 계약으로도 불리는데, 1999년 프랑스에서 도입
된 성인 간의 결합제도로 결혼이 없이도 부부에 준하는 사회적 보장을 받을
수 있는 대안적 가족형태를 말한다.

의 문제이기도 하다. 결혼이 개개인의 애정 관계가 아니라 국가가 인준하고 인가하는 형식이라면, 사적 영역과 공적 영역은 복잡하게 얽히게 되고, 개인의 정체성 또한 국가의 영향을 받을 수밖에 없다.

여기서 버틀러가 취하는 비평적 관점은 국가에게 동성 부부의 입양권 보장을 요구하는 주장이 가족을 가족으로 명명할 국가권력에 포섭될 것이고, 그 자체가 기존 담론에서 논의되는 질서를 더욱 강화할 것이라는 주장을 염두에 두고 있다. 사실상 동성 커플을 합법적 부부로 인정하려는 법안 대다수가, 입양권이나 재생산 기술권 접근을 금지하는 것을 조건으로 하고 있다. 이런 저런 요건을 충족시키면서 국가가 인정하는 법적 자격을 획득하려는 노력은 특정한 권리를 주지만 동시에 복종도 요한다. 이와 같은 복종은 일정 부분 기존 법 체제 안에서 기득권을 보장한다. 그리고 그 과정에서 기존 권력을 인정하게 하고 그 권력의 세밀한 규정들을 중시하게 만든다. 즉 대안 가족관계의 합법성 인정은 법적 지위의 확대를 가져오지만, 그와 더불어 여전히 확대된 법적 지위에 못 미치는 관계에 관해서 더 세부적인 규제와 규정들을 생산하고 복종을 요구한다.

그렇다면 무엇이 부부, 가족, 친척을 결정하는 기준이 되어야 하는가? 버틀러는 아버지와 어머니와 자녀를 중심으로 하는 이성애적 가족의 관점이나, 그런 관점을 제도화한 국가적 관점이 아닌 다른 시각을 도입하고자 한다. 그래서 이성애적 욕망에 기반하여 오이디푸스 구조를 문화의 출발점으로 삼으려는 정신분석학적 입장을 비판적으로 조망한다. 그 대신 인류학에서 제기되는 포스트 친족 논의에서 말하는 '행위로서의 친족' 개념을 받아들이고자 한다.

과거 『안티고네의 주장』에서도 논의했듯 조지 스타이너Geroge Steiner가 주장하는 '행위'로서 이루어지는 친족 개념의 논의는 기존의 가족, 즉 정신분석학이 주장하는 이성애적이고 가부장적인 가족 개념을 바꿀 수 있다. 정신분석학의 문화 개념은 문화를 어떤 전체나 통일성으로 상정하고 문화 자체의 변화 불가능성을 시사하기 때문에 젠더 구성과 성적 배치에 편협한 결과를 가져올 수 있다. 반면, '행위로서의 친족'은 훨씬 더 폭넓은 친족 관계에 대한 사유를 가능하게 할 뿐 아니라 정상 가족과 대안 가족을 가르는 기준점에 내포된 규범적 인식성에 비평적 물음을 던질 수 있다.

기억해야 할 것은 이 관점이 어떤 논의에 대해 반대한다는 것 자체가 아니라, 그 논의를 가능하게 하는 틀이 무엇인지를 파악하고 그 틀의 모태가 되는 인식성에 대해 반대한다는 것이다. 우리가 어떤 주장에 반대한다는 것은 사실 그 주장을 가능하게 만든 인식틀을 이미 수용했다는 의미가 된다. 그 주장을 가능하게 만든 인식틀을 수용하고, 그 틀 안에서 반대의 입장을 취하는 것이기 때문에 인식의 틀 자체는 문제 삼지 않는다. 이제는 기존의 틀 안에서 반대나 찬성이라는 입장을 취하기보다, 어떤 주제를 생각하게 하는 관점이나 인식의 틀 자체를 파악하고 변화시키는 것이 필요한 때다. 그것이 진정한 변화의 실천력이자 실행력이 될 수 있기 때문이다. 결혼, 가족, 친족이 기존 인식틀이 주장하는 배타적 경계를 전제하는 한, 그것은 진보적 성 정치학을 위축시킬 수밖에 없다. 규범적 관점 내에서만 파악해 왔던 섹슈얼리티, 친족, 공동체의 삶과 가치들을 새롭게 사유하는 것이야말로 급진적 성 정치학의 새로운 지평을 여는 길이 될 것이다.

2) 주체와 타자의 이분법 비판:
주체는 언제나 타자보다 월등한가

6장 「인정을 향한 갈망: 제시카 벤저민」 또한 제시카 벤저민의 인정 이론에 대해 비판적으로 사유하며 새로운 인식틀의 필요성을 주장하고 있다. 버틀러는 제시카 벤저민의 인정 개념을 논평하면서, 헤겔의 〈정신현상학〉에 나타나는 인정운동에 대한 새로운 해석을 보여준다. 버틀러가 보기에 벤저민은 헤겔의 인정recognition 개념[18]을 전유專有[19]하면서 동시에 그것을 하나의 규범적 이상으로 활용했다는 혐의에서 자유롭지 못하다. 헤겔에게 인정은 분열된 의식이 통일을 향해가는 운동으로 그려지며, 의식은 주체가 타자안에서 자신을 보고 나와 타자가 다르지 않음을 확인하는 과정인 반면, 버틀러에게는 의식이 타자

---

[18] 헤겔의 인정 모델에서는 자의식이 자립성을 인정받으려는 투쟁을 하는데, 결국 자의식은 자립성을 포기하고 다른 자의식을 인정하게 된다. 인정은 주체와 대타자가 서로에게 반영될 때 개입하는 과정이다. 다시 말해, 주체는 대타자의 인정을 원한다.

[19] 탈식민지 이론에서 식민지가 제국의 문화를 수용한 뒤 그것을 다시 지배자에게 저항하는 도구로 사용하는 일처럼, 과거의 특정 이론을 가져와서 자신의 맥락으로 다시 활용하는 일을 뜻한다.

에게서 자신을 보다는 사실이 내가 항상 나의 밖에서만 발견되고, 그런 나는 언제나 이전의 나와 다른 무엇이라고 그려진다. 따라서 버틀러에게 인정 운동은 변화를 향한 운동, 즉 나와 타자의 다름을 확인하는 운동이다.

벤자민은 '상호주관성intersubjectivity'을 대상 관계[20]와 다른 것, 대상 관계에다가 외부의 대타자[21] 개념을 더한 것으로 본다. 여기서 문제가 되는 것은 이 대타자와 나의 관계에서 변별적 양상을 나타내는 '부정negation' 개념이다. 헤겔은 '부정'을 인정이 언제나 무릅써야 하는 위험으로 설명한 반면, 여기에 대한 벤저민의 해석은 전기에서 후기로 이행해 감에 따라 입장의 변화를 보인다. 전기에는 인정이 부정성negativity을 전제한다고 봤지만, 후기에는 부정성이란 인정에 생기는 우연적 사건일 뿐 인정의 개념적 정의의 요건이 되지는 못한다고 주장한다. 벤저민

---

20 한 개인이 다른 사람, 즉 중요한 타인이라 할 어떤 대상과 맺는 관계에 초점을 둔 정신분석학 이론이다.

21 실제 타자가 아닌 상징적 기표인 타자로 주체 외부의 상징계 자체나 법과 언어 질서를 의미하기도 한다. 상호보완적 관계에 있는 심리적 대상의 구성을 초월하는 대타자를 말한다.

의 주장대로, 부정성 때문에 인정이 파괴로 떨어질 위험이 있다면, 인정에 대한 어떤 이상을 주장하는 것이고, 그런 인정의 이상 속에서 부정성으로 나타나는 '파괴'란 간헐적이고 비참한 사건일 뿐이다. 그것은 치료 상황에서 역전되거나 극복될 수는 있어도 인정을 구성하는 사건은 아니다. 버틀러는 벤저민의 부정성 해석에 이의를 제기하면서 부정성이란 극복해야 할 대상이 아니라 인정의 과정에 포함된 내적 동력이라고 파악한다.

버틀러가 해석하는 헤겔의 부정성은 인정을 구성하는 사건이지 우연적으로 발생하는 위험이 아니다. 의사소통 자체가 인정의 수단이 되고 모범적 사례도 된다면, 인정 그 자체가 우리가 늘 추구하게 되는 치료 행위를 향한 규범이 되고, 의사소통이 취하는 이상적 형식이 된다는 문제가 생긴다. 그러나 인정은 지속적으로 파괴의 위험이 있는 과정, 파괴라는 규제의 위험이나 구성의 위험 없이는 성립될 수 없다. 인정이 '부정'이라는 파괴로 떨어질 위험이 있다거나, 그런 파괴란 극복해야 할 비참한 사건이라고 생각한다면 인정은 변화될 수 없는 이상으로 고정되기 쉽다.

제3의 항을 지칭하지 않고는 관계를 이해할 수 없지만 그런

제3의 항이 관계 자체의 과정으로 기술되기도 어렵다. 그렇다고 양자 관계에서 제3의 항을 배제해야 한다는 의미는 아니다. 양자 관계 안에 구성적 외부로 들어와 있는 제3의 항을 생각해 보자는 것이다. 하지만 구성적 열정으로서 관계의 '내부'에 있는 동시에, 부분적으로 실현되지 않았거나 금지된 욕망의 대상으로서 그 '외부'에도 있는 제3의 항은 있을 수 없다. 왜냐하면 관계의 내부와 외부에 동시에 있는 제3의 항은 불변의 이상이 될 수 있기 때문이다.

벤저민은 '파괴'와 '부정'을 구분하면서 파괴가 계속 부정으로 있어야 한다고 주장하는 것으로 보인다. 벤저민에게 인간은 꼭 필요한 부정에 근거해서 대타자와의 심리적 관계를 형성하지만 이 관계가 모두 파괴적인 것은 아니다. 그는 인정이 파괴로 떨어질 위험이 있다고 주장하지만, 인정에 관한 어떤 이상ideal을 고집한다. 그리고 그 안에서 파괴가 일어난다 해도 본질적으로 그 파괴가 인정을 구성한다고 밝혀지지 않는다. 파괴의 극복이 인정의 목적이 되면 인정은 초월적 층위를 전제하게 된다. 사실상 인정은 여전히 지속적인 파괴의 위험이 있는 과정인데도 말이다.

벤저민의 '과포괄성overinclusiveness' 개념도 버틀러의 비판 대상이 된다. 과포괄성 개념을 가져오면, 한 젠더와의 동일시가 다른 젠더에 대한 거부를 포함하지 않는, 전-오이디푸스기의 특징인 과포괄적 동일시를 할 수 있다는 말이고 그런 젠더는 오이디푸스기 이후에도 복원될 수 있다는 있다는 의미가 된다. 그런데 이는 전前오이디푸스기를 소환해 오이디푸스적인 욕망의 삼각형을 넘을 가능성으로 삼기 때문에, 일정 부분 욕망의 삼각 구조를 이미 전제로 받아들인다는 문제가 제기된다.

같은 맥락에서 이브 세지윅Eve K. Sedgwick의 논의도 비판의 대상이 된다. 세지윅의 논의는 남성 간 '동성 사회적' 관계로 주목받았다. 낭만적 로맨스 관계로 보이는 남녀의 삼각관계가 사실은 한 여성을 매개로 한 두 남자들 사이의 동성애 관계라는 설명이다. 세지윅은 남녀 간의 낭만적 로맨스와 남성과 남성 간의 동성 사회적 관계를 구분해 설명하지만, 사실은 두 이성애 커플 간 이성애 삼각관계와 여성을 매개로 한 남성 간 동성 사회적 욕망은 간단히 구분할 수 없을 만큼 모호하게 얽혀 있다. 사실상 한 여자를 교환 대상으로 삼는 남성들끼리의 동성 사회적 욕망은, 찬찬히 살펴보면 완전히 동성애적인 것도 아니다. 겉보기만큼 이성애와 동성애의 구분이 명확하지 않다는 것이다.

이는 젠더나 섹슈얼리티에 적용할 때에도 마찬가지이다. 버틀러가 보기에 젠더와 섹슈얼리티의 관계는 모호하며 그 어떤 모범적 전형도 필요로 하지 않는다. 전형도 없고 불명확한 것은 둘의 관계뿐 아니라 젠더와 섹슈얼리티 각각에도 해당된다. 영화 〈소년은 울지 않는다Boys Don't Cry〉(1999)에서 브랜든 티나/티나 브랜든의 젠더와 섹슈얼리티가 그 예다. 생물학적 여성이지만 남성과 동일시하는 티나는 자신의 이름을 브랜든이라 부르고 남장하기를 즐긴다. 브랜든은 라나라는 여성을 사랑하는데 브랜든과 라나의 성애는 여러 복합적 환상이 작용하면서 이성애적인 동시에 동성애적 욕망의 복합적 발현 양상을 보여 준다. 이 욕망은 동성애라고도 이성애라고도 확정할 수 없는 새로운 영역에 있다고 볼 수 있다. 브랜든의 여러 경계 넘기에는 그 문화의 공적 규범에 대한 지속적 저항이 들어 있어서, 딱히 트랜스젠더의 양상에만 국한되지도 않는다.

그런데 영화 〈소년은 울지 않는다〉는 애써 브랜든의 생물학적 여성성을 강조한다. 친구들의 강간과 브랜든의 생물학적 성기 확인을 통해 모호하거나 불확실했던 그/그녀의 성 정체성을 급히 확정하려 한다. 애써 그를 여성의 해부학적 구조를 가진 레즈비언의 위치로 고정시키려는 것이다. 그러나 브랜든/티나에겐 [남성과의] 동일시 쾌락과 [동성애적] 욕망의 쾌락이 동시에 존재하므로 브랜든을 단순히 레즈비언으로 확정하기는 어렵다. 현실과 상상을 넘나드는 이들의 관계는 젠더와 섹슈얼리티에 대한 복합적인 양상을 구현하는 것으로 읽어야 한다.

버틀러가 벤자민을 비판하는 지점은, 벤자민에게 부정은 인정이 언제나 무릅써야 하는 위험이 아니라 극복되어야 할 파괴적 위험으로 보인다는 점이다. 헤겔은 의식이 어떤 것이건, 자아가 어떤 것이건, 다른 것에 자신을 반영함으로써만 자신을 알 수 있다고 주장한다. 그런 의미에서 부정성은 극복해야 할 대상이 아니라 의식과 자아가 스스로를 알 수 있게 만드는 조건적 상황이다. 의식이나 자아가 그 자신이 되기 위해서는 자기-상실을 거쳐야 하며, 그게 한번 지나가면 결코 과거의 자기 모습으로 돌아오지 못한다. 그래도 의식은 자신이 반영된 모습을 통해 어떤 식으로든 자신을 회복하고, 다른 것 속에서 다른 것으로 반영된다. 그러나 반영의 외적 위상 때문에 의식은 자기에 외적인 것으로 자신을 회복하며, 그에 따라 계속해서 길을 잃고 헤매게 된다. 따라서 자아와 대타자와의 관계는 양가적이다. 자아는 대타자에서 자유롭던 과거의 자신으로 돌아올 수 없고, 자아가 누구인지는 자아가 타자와 맺는 '관계성'에 의해서 구성된다.

진정으로 헤겔적인 사유를 한다면 벤저민 또한 인정 안의 부정의 동력을 인정해야 한다. 그것은 이원적인 사유와 인식틀을 바꿀 수 있다. 이처럼 관계성을 사유하는 이원적 모델을 변화시키는 것은 더 큰 변화를 가져올 수 있다. 여성의 남장하기나 각종 크로스젠더 행위뿐 아니라 이성애, 동성애, 양성애적 욕망 속에 있는 오이디푸스적 관계의 반향과 변화를 이해하고, 섹슈얼리티와 젠더에 대한 개별적 이해뿐만 아니라 젠더와 섹슈얼리티 상호 간의 관계에 대한 복합적 이해를 가능하게 만들 수 있다.

3) 근친애 금기의 문제:
   형상화가 불가능한 이성애 외부의 사랑과 가족

「근친애 금기의 난제」도 유사한 관점에서 근친애와 규범적 친족의 문제, 그리고 그 둘의 상관관계를 비판적으로 조망한다. 외상학의 관점에서 보면, 외상trauma은 그 정의상 재현이나 기억을 통해 사건을 온전히 파악할 수 없다고 보지만, 근친애를 가족 폭력 행위로 보는 쪽에서는 이것이 분명히 일어난 실제 사건에 대한 기억이라고 주장한다. 엄밀히 보면 근친애와 규범적 친족의 문제에는 특정 사건을 발생시킨 욕망, 실제로 일어난 사건, 그리고 사건 이후 그 사건에 대한 기억이라는 복잡한 요소들이 관련된다. 그런데 정신분석학은 외상학적인 입장이 이야기의 서사성을 손상시키며, 근친애가 외상의 형태를 띠는 한, 사건은 사건으로 복원될 수 없다고 주장한다. 그러나 버틀러가 볼 때 중요한 것은 사건의 역사적 사실성이 아니다. 근친애가 하나의 사건으로 형상화될 수 없을 때, 또 형상화될 수 없는 곳에서, 그 형상화 불가능성이라는 자리가 갖는 외상적 성격이다.

정신분석학은 근친애적 욕망의 금기에 기반한 이성애적 가족 구조만 중시한다. 하지만 모든 근친애를 병적 징후나 폭력적 가해 행위로 보는 것은 문제가 될 수 있다. 꼭 외상이 되지는 않은 근친 간의 사랑도 있고, 근친애가 폭력일 때와 폭력이 아닐 때를 구분할 필요가 있는 경우도 있다. 정신분석학은 근친애 금기를 상징적 가족 구조의 근원으로 확립하면서, 성애적 욕망을 형성하는 데 있어서 근친애 금기가 보편적이라고 주장한다. 근친애 금기라는 법은 이성애적 욕망을 기본 전제로 받아들이면서 가부장적 친족 구조를 유지시키기 위한 방식으로 특정한 사랑의 대상을 제한하는 담론이다. 그에 따라 게이와 레즈비언의 자녀 입양과 양육, 한부모 가족, 아버지나 어머니가 두 명 이상인 여러 다양한 복합 가족의 형태들은 마치 존재하지도 않는 것처럼 현실에서 지워진다. 이 세상에는 오로지 어머니, 아버지, 자녀로 이루어진 이성애 가족만 존재하는 것처럼, 그 바깥에 있는 가족 구조는 불법화하거나 소거해 버리는 것이다. 이성애 외부에서 가족을 구성하는 이들이야말로 합법적 사랑으로 인정받지 못해서 일어난 현실의 비현실화, 혹은 탈-실재화의 대표적 사례이다.

3. 비평성에서 미래의 변화로

버틀러가 『젠더 허물기』에서 제기하는 마지막 문제의식은 비

이분법적 다양성의 수행적 모순을 통한 미래의 '변혁 가능성' 추구라 할 수 있다. 기존의 이분법적 규범으로는 해결되지 않는 변화와 변혁을 위해서는 새로운 인식틀, 새로운 패러다임이 필요하다. 이분법적 사고를 고집하는 대신 한 가지 대상의 양면성에 집중하고 그 양면성의 패러독스를 본다면, 이런 패러독스 자체가 모순과 역설을 딛고 변화의 미래로 갈 가능성이 될 수 있다. 따라서 이론적 이분법을 해체하기 위한 노력은 현실의 실천적 변화로 연결되어야 한다.

1) 나의 자유는 내 것인가

「젠더의 진단 미결정」은 젠더 정체성 장애를 일종의 병으로 규정하는 의료 규범을 이중적 관점에서 비판하고, 새로운 젠더 정체성을 모색하는 장이다. 기존의 젠더 규범은 독이자 약이다. 성전환 수술을 받으려면 젠더 정체성 장애 판정, 즉 의사에게 정신병자 진단을 받아야 하고, 그 진단만 받는다면 현실적인 수술비 지원을 받을 수 있다. 그런데 이 장에서 지적하는 문제는 보통 사람이 성전환 수술을 할 때 보험금을 받기 위해 필요한 절차가 개인의 상황이나 결정이 아닌 의료 제도에 중심을 두고 있다는 점이다. 성전환이라는 한 개인의 중대한 결정에서 재정 지원이라는 요건이 왜 본인의 의사나 의지보다는 의사라는 타인의 결정 혹은 제도 의료 관행에 의존하는가?

이런 문제의식은 젠더를 결정하는 데 있어서 '의사결정의 주체'가 누구인가라는 주제를 다시 한번 강조한다. 그러면서 이번에는 현실적인 문제, 즉 트랜스섹스 수술을 위한 의료적 재정 지원의 문제로 연결한다. 인터섹스에게 성별은 규범적인 성의 범위를 넘어서 있기 때문에 남녀라는 이분법으로 규정될 수 없다. 그런데 그 성별 결정은 주로 의사나 의료권력이 판정한다. 하지만 이런 인생의 중요한 결정은 외부 의료진이 아닌 당사자 본인의 욕망과 의지에 달려 있어야 한다. 성전환 수술의 문제도 마찬가지다. 성전환 수술에 현실적으로 핵심적인 요소는 돈이다. 수술비와 관련된 재정 지원을 받으려면 이 체제 안에서 자신이 열등한 인간임을 인정해야 한다. 심리적 열등감뿐만 아니라 젠더 정체성 장애자라는 의료 제도의 진단을 받아야한다. 그런 병리적 진단을 포기하면 사회적인 '정상인'으로 남을 수는 있어도 재정 지원은 받을 수는 없다. 현실의 이중성은 금전적 지원이냐 장애의 인정이냐의 문제로 좁혀진다.

여러분이 성전환 수술을 결심했다면 장애를 인정하고 지원금을 받겠는가, 아니면 정상을 고집하고 지원금을 포기하겠는가? 사회 속에서 장애인으로 판정받는다는 것은 인간의 자율성을 침해할 수 있는 일이다. '젠더 정체성 장애'라는 병리적 진단은 보험 회사의 재정 지원과 결부되어 있어서 이러한 진단은 물질적으로는 개인의 자율성을 높이는 요건이 되지만, 정신적으로는 개인의 자율성을 위협하는 요소다. 젠더 정체성 장애 진단은 성전환이라는 고가의 수술을 재정적으로 가능케 하는 실질적 기반이 되는 한편, 이 진단 자체가 수술 당사자를 정상성의 규범에 들지 않는 심리적 환자나 정신적 불구로 정체화하기 때문이다. 그런 면에서 이 진단은 자율성을 보장하면서 동시에 자율성을 저해하는 요인이 된다. 이것이 이 진단이 갖는 자율성의 패러독스다.

자율성은 인간의 자아감이나 자존감과도 관련된다. 보험회사의 재정 지원은 의료적 성전환의 강력한 도구인 동시에 성전환 지원자를 비정상적 심리 질환자로 만드는 견고한 수단이 될 수도 있다. 특히 아직 완성된 인격이라 할 수 없는 자아형성기의 청소년들에게 이런 문제는 더욱 치명적이어서 그들이 평생

동안 자기비하와 자아감 하락을 안고 살게 만들 수도 있다. 자신이 살고 있는 사회에서 평생의 심리적 낙인을 안고 살게 될 수도 있다. 스스로가 정상적인 젠더 획득이나 정상적 가족 생활에 실패한 낙오자나 패배자라는 생각 때문이다. 재정적 지원 수단이 규범화를 강화하는 교정, 적응, 정상화의 언어로 이루어진다면 이런 선택의 문제는 더욱 복잡해진다.

사회 속에서 권위 있는 진단을 통해 자신의 병리성을 인정해야만 획득되는 재정적 지원은 단순한 지원이 아니다. 기존 제도에 복종할 때 얻어지는 지원이므로 독이기도 하다. 한 개인의 삶을 완전히 평가절하 하게 되는 역기능과 악영향을 가져올 수도 있다. 성숙하고 자율적인 인간은 자신의 목적에 맞게 제도를 그저 도구로 활용할 수도 있지만, 미성숙하고 성장 중인 아동이나 청소년에게 제도는 일종의 정체성 선고가 될 수 있다. 그리고 성인과 아동 모두 사회 속에서 자신의 위치와 명명을 알고 있기 때문에 정도의 차이는 있지만 나를 부르는 사회적 호칭의 영향을 받지 않을 수 없다는 점에서는 동일하다.

젠더 특이성을 보이거나 성전환 수술을 원하는 사람에게 정신병자라는 딱지를 붙이지 않고도 사회적인 지원을 할 현실적 방법은 어디에 있을까? 젠더 진단에 대한 리처드 아이세이 Richard Isay 박사의 접근법을 생각해 볼 수 있다. 그의 공헌은 병리화의 언어를 거부하고 이를 '이례적 젠더 특질gender atypical traits'로 명명한 뒤 부모가 지지해 줄 것을 제안했다는 점에 있다. 그는 전형적 젠더 특질을 심리학적 정상성의 기준으로, 이례적 젠더 특질을 비정상성의 기준으로 고정한 뒤, 하나는 존중하고 하나는 멸시하는 것을 거부했다. 그리고 정상성과 관련된 언어가 사실상 전형성의 언어에 불과하다고 개념화했다. 이제 아이세이에게 남성적이거나 여성적인 젠더 특질은 정상이냐 비정상이냐가 아니라 '전형적'이냐 '비전형적'이냐의 문제로 대체된다. 이에 따라 젠더 특이성을 보이거나 성전환 수술을 원하는 사람들이 인간으로서 삶의 자긍심과 자존감을 해치치 않아도 된다.

제이콥 헤일Jacob Hale의 젠더 진단에 대한 접근 방식도 주목해 볼 만하다. 헤일은 젠더 정체성 장애 진단에 정신과 의사의 병리적 진단이 개입하는 데 반대한다. 대신 이 문제를 소비자 고객의 자율성이라는 관점에서 조망해야 한다고 주장한다. 의료적이고 기술적인 자원을 얻을지 말지의 결정이나, 또 그 자원을 어떤 방법으로 얻을지의 문제는 전적으로 고객과 의료진 간의 문제라는 것이다. 성전환 수술도 절단된 신체 기관에 대한 재건 수술처럼 환자 자신의 판단에 따른 자율성의 실행이라 할 수 있다. 따라서 의사는 정신의 정상 여부를 감정하는 권위적 감정사의 위치가 아니라 의료 행위를 제공하는 서비스 판매자의 위치에 놓여야 한다. 이런 시각으로 본다면 성전환 지원자를 정신병자가 아닌 자율적 의료 소비자, 즉 의료 서비스업의 고객으로 대우할 수 있다.

그러나 엄밀히 살펴보면 인간은 그리 자율적 존재도 아니고 인간의 자율성이라는 개념도 사실상 '구성적 타율성constitutive heteronomy'에 입각해 있다.[22] 우리는 우리 자신을 행동으로 나타내기 위해 나를 허물어야 한다. 즉 나의 정체성을 만들기 위해

---

22 '구성적 타율성'이란 '구성적 외부' 개념을 자율성에 적용할 때의 의미로, 버틀러는 『젠더 허물기』에서 이 개념을 처음 사용하고 있다. Judiith Butler, *Undoing Gender* (Routeldge: New York, 2004), p. 101. 구성적 외부는 어떤 개념의 외부에 있지만, 그 개념을 개념화하기 위해 반드시 필요한 그 개념의 외부, 대립물, 혹은 포괄 개념을 의미하므로 구성적 타율성이란 자율성을 구성하기 위한 자율성의 외부, 즉 타율성을 말한다.

서는 나를 포함한 우리보다 더 큰 사회 존재의 일부가 되어야 한다. 그리고 변화는 내가 사는 세계의 사회적 조건이 근본적으로 변화할 때 가능하다. 사회적 조건이 변화할 때, 자유는 비자유를 요구하고, 자율성은 복종과 연관되며, 자율성 속에 타율성이 구현된다. 이 사회가, 즉 우리의 구성적 타율성을 나타나는 기호 자체가 자율성을 가능하게 하는 세계로 변하고자 한다면, 개개인의 선택이라는 것이 사실상 스스로 결정할 수 없는 조건에 의존하고 있다는 점을 인정해야 한다.

그 대표적 예가 샌프란시스코의 부치butch[23]의 사례다. 이 사람은 유방암으로 한쪽 유방을 제거해야 했는데 제거하는 김에 전이 위험이 있는 다른 쪽도 함께 제거하기를 원했다. 그런데 암에 걸린 한쪽 유방의 제거는 보험처리가 되지만 암에 걸리지 않은 다른 쪽 유방의 제거는 보험이 적용되지 않았다. 보험을 적용해서 의료비를 줄일수 있는 방법은 자신이 젠더 정체성 장애자라는 의사의 진단을 받는 수밖에 없었다. 사실상 장애자가

---

23 레즈비언 커플 중 남성적 역할을 담당하는 사람으로 부치의 상대 개념에는 '펨(femme)'이 있다.

아닌데, 오히려 치료 과정에서 일어난 정상인의 자율적 선택인데도 말이다.

암에 걸린 유방만 절제할 것인가, 아니면 성 정체성에 큰 중요성이 없고 암의 전이라는 의료적 위험이 있는 다른 한쪽도 함께 절제할 것인가? 이때 개인의 자유에 영향을 미치는 것은 보험회사의 구분과 분류다. 보험회사는 '의료상 필요한' 유방 절제술과 긴급성이 없어 꼭 필요하지 않는 '대기 수술elective surgery'[24]로 분류되는 유방 절제술을 구분하면서 제도적으로 이미 개인의 자유 개념을 훼손하고 있다. 보험 혜택을 받을 수 있는 유일한 길은 『정신 질환 편람』에 따라 젠더 정체성 장애자로 자신을 정체화하는 것뿐이다. 그렇다면 자본주의 사회에서 사실상 개인의 결정에 큰 영향을 주는 비용 처리 문제는 의료 관행이나 보험 약관에 따라 결정된다. 개인의 자율성이라고 믿어 온 것이 실은 외적인 사회 제도나 규범에 상당 부분 의존하고 있다는 사실을 알 수 있다.

---

[24] 대기 수술은 응급 수술의 상대 개념으로, 의료적으로 긴급한 상황이 아니라서 시간을 두고 스케줄을 잡아 받는 수술이다. 필수 수술이나 응급 수술과 대비되는 수술이다.

2) 삶과 직결된 이론

「사회적 변형의 문제」는 젠더 관계와 사회 변화의 문제에 대한 비평적 성찰인 동시에, 페미니즘 철학이 현실의 삶의 문제를 만날 때 겪는 문제에 대한 사유이기도 하다. 이는 페미니즘 철학을 실제 삶의 문제와 연결해 미래의 현실을 변화시키려는 시도라 할 수 있다. 페미니즘의 철학적 추구가 인간의 실제 삶을 어떻게 변화시킬 수 있는지에 초점을 두는 것이다. 모든 실천에는 이론이 전제되어 있고, 이론에는 당대의 제도 규범이라는 역사적 맥락이 있다면, 사회의 변화를 이루기 위해서는 그저 당연하게만 받아들여졌던 제도 규범에 대해 의구심을 갖고 문제를 제기할 수 있어야 한다.

우리 삶에서 이론이 중요한 이유가 무엇일까? 이론은 행동을, 행동은 규범을 낳는다. 그리고 이런 규범은 인간다운 삶, 살기 좋은 삶의 실제를 형성한다. 따라서 이론은 단순한 관념 차원에 제한된 것이 아니라, 인간으로서의 삶을 영위하는 데 매우 중요한 가치와 의미를 생산하기도 한다. 그러나 다른 한편으로 보면, 규범은 인간다운 삶에 필요하기 때문에 인간을 구속하기도 한다. 규범이 인간을 억압하면서 인간에 반하는 역기

능이나 반작용을 일으키는 제도의 근간이 되기도 한다. 버틀러는 이런 이중성을 '이중화된 진리'의 문제라고 설명한다. 진리를 생산하는 이론이 그 이론에 부합한 사람에게는 살기 좋은 삶의 조건과 환경을 만들지만, 그렇지 않은 사람에게는 억압이 되는 양면성을 지니기 때문이다.

'이중화된 진리'의 문제에 관련해 두 가지 과제가 필요하다. 하나는 젠더 폭력의 관점에서 젠더 이론을 생각해서 젠더 이론을 사회적 생존의 변화 가능성으로 숙고해 보는 것이다. 다른 하나는 규범 없이 살 수 없는 인간이 그 규범을 현 상태 그대로 받아들이지 않도록, 규범 자체의 이중적 본질에 대해서 숙고해 보는 것이다. 이는 곧 페미니즘 이론의 정치적 과제와 닿아 있는 중요한 문제이기도 하다. 버틀러가 브라이도티, 미첼, 스피박의 선행 연구들을 비판적으로 수용하면서 일관되게 주장하고 있는 것은, 성차가 구성적이건 근본적이건 간에 반드시 이성애적일 수만은 없다는 것이다.

3) 젠더의 미래성

「성차의 끝?」은 근원적 성차性差를 중시하는 페미니즘에 대한 비판론이기도 하고, 성차를 인정하는 페미니즘과 인정하지 않는 페미니즘의 차이에 대한 고찰이기도 하다. 성차는 언제나 페미니즘의 중요한 근본 주제였다. 성차가 있는지 없는지, 또 존재하는 성차가 근원적인 것인지 사회적인 것인지를 고찰함으로써 섹스, 젠더, 섹슈얼리티까지 포괄하는 열린 의미의 젠더가 가져올 생산적 미래와 상호교차성, 그리고 외부와 소통하는 열린 정체성의 가능성을 모색하는 것이다. 젠더라는 용어가 기존의 해부학적이고 생물학적 성차 논의에 이의를 제기하게 되고, 이는 트랜스섹스와 인터섹스, 그리고 많은 비규범적 젠더에게 삶의 가능성을 확장할 수가 있다.

많은 재생산중심 남성주의나 여성주의는 성차의 문제를 중시하면서 남녀의 신체에서 오는 해부학적 차이를 핵심 개념으로 삼는 반면, 젠더 논의는 그런 해부학적 성차에 대해 질문을 제기하기 때문에 동성애적 위험이 있는 것으로 간주되는 경향이 있다. 그러나 버틀러는 '젠더'라는 용어야말로 한 언어가 새로운 미래성으로 열릴 가능성이라고 본다.

성차의 정치학과 젠더 정치학은 근본적 성차 개념을 인정하느냐 부정하느냐를 놓고 오랫동안 논쟁을 벌여 왔고, 페미니즘 내부에 반목과 갈등을 만들기도 했다. 성차를 인정하는 브라이도티Rosi Braidotti는 성차가 사회적 구성물이라 보는 버틀러와 대립하는 것처럼 보인다. 그러나 열린 개념으로서의 젠더는 보편성의 문제와 연결되고, 이런 젠더는 이리가레Luce Irigaray가 제기하는 성차의 관점에서 재사유될 수 있기 때문에 궁극적으로는 브라이도티의 유목적 주체nomadic subject와 유사하다고 할 수 있다. 성차에서 말하는 '차이'의 개념을 전제한다고 하더라도, 수없이 그 경계 지점을 넘나들며 개개의 정체성을 구성한다는 점에서 갈등과 반목이 아닌 연합과 화합의 정치학으로 나아갈 수 있을까? 그런 연합과 화합의 정치학이라는 의미에서 젠더라는 용어는 미래의 생산성으로 열려야 한다. 이론은 현실을 변화시킬 동력이니까 말이다.

4) 열린 철학의 가능성

「철학의 '타자'가 말할 수 있는가?」에는 버틀러의 개인사가 상당히 구체적으로 드러난다. 과거의 저자, 현재의 저자, 미래의 저자가 젠더와 철학이라는 주제에 대해 던지는 질문이자 앞으로의 방향성에 대한 제언일 수도 있다. '철학의 타자가 말할 수 있는가'라는 제목 자체는 얼핏 스피박의 글 「하위 주체는 말할 수 있는가?」를 떠올리게 한다. 여기서 스피박은 피식민국의 하위 주체가 말할 수 있는 것은 지배층이 말을 걸어 줄 때에야 가능하다고 말하는 것으로 보인다. 이와 마찬가지로 '철학의 타자'가 누군가의 말 걸기를 통해 자신의 목소리를 가질 수 있다면, 이 목소리는 제도로서의 철학의 목소리와는 다를 것이다. 철학의 타자가 말할 수 있는 때는 제도로서의 철학이 열린 철학으로 개방될 때이다.

난해한 이론 속에서 관념어로 대화했던 버틀러가, 현실에서 문득 자연인으로 나타난다. 부모님의 옛 대학 교재로 철학을 시작했고, 정통 철학이 아닌 어쩌면 삐딱한 관점을 제시했던 자신의 관점이 철학의 타자를 향한 것은 아니었을까 하는 자기 반추적 생각은 삶 속에서 철학을 접하고 공부하고 발전시킨 버틀러의 구체적 삶의 양상을 보여 준다. 그는 비철학적 글쓰기 양식으로 철학에 관한 글을 쓰지만 자신의 글은 철학으로 인정될 수도 없고, 인정되지 않을 수도 있다고 말한다. 이 시대 철학의 타자라는 위치를 생각해 보자는 것이다. 버틀러는 『젠더 트러블』로 기존 페미니즘 철학에 문제를 일으키며 주목받았고 이

후 퀴어 이론의 창시자로 세계적인 인정을 받았다. 물론 지금
은 버클리 대학의 교수지만 당시 규범적 젠더와 제도권 철학에
서 배제되었던 트러블 메이커로서 자신의 철학 인생을 반추해
보면 그의 철학이 철학의 타자로 시작했다고도 할 수 있다.

버틀러에게 철학은 삶의 생존 가능성과 유리될 수 없는 실존
적 문제로 다가왔다. 그것은 제도권 철학이 요구하는 이론적
엄정성이나 체계적 견고함을 넘어선 삶의 문제였기 때문이다.
그가 철학을 처음 접한 것은 젠더 정체성을 고민하던 청소년기
였다. 우리나라는 철학을 그리스 철학자들의 이름과 업적을 연
결하는 암기과목으로 시작하지만 버틀러는 집에 있던 엄마의
대학시절 책으로 접했다. 젠더 규범 및 제도 교육에 적응하지
못해 방황하던 청소년기에 다락방에서 우연히 접하게 된 엄마
의 대학시절 교재를 접하면서 스피노자와 키에르케고르와 쇼
펜하우어를 읽고 깊이 빠지게 되었다.

잘 알려져 있듯 버틀러는 1956년 오하이오주 클리블랜드에
서 태어났다. 유대인이었기 때문에 유대인회당에서 랍비의 수
업을 들었다. 그가 받은 첫 철학 수업이었다. 버틀러는 말대꾸
하기를 좋아했고 규범을 싫어했다. 하지만 똑똑했다. 14살 때

이미 이런 질문을 했다고 한다. "스피노자가 유대교에서 파문당한 이유는 무엇이죠?", "독일 관념론이 나치즘 발생에 책임이 있을까요?", "마르틴 부버Martin Buber의 작품을 포함한 실존 신학은 어떻게 이해해야 하나요?" 분명 특별한 재능을 영민한 가진 소녀였다. 헝가리와 러시아계 유대인 가문으로, 외가쪽으로는 홀로코스트의 희생자가 많았다. 그런 민족적 배경 때문에 니체를 경멸했으며, 대학에서는 철학을 알레고리라는 문학적 장치로 해석하는 폴 드 만Paul de Man의 강의를 듣고 강한 혐오와 매력을 동시에 느꼈다.

학계에 몸담으면서 놀랐던 것은 진보 좌파로 알려진 뉴스쿨 대학에서 대학원생들의 학술회의 제목이 "페미니즘 철학이 철학인가?"라는 것이었다. 페미니즘 철학 자체가 철학과에서는 철학으로 인정받지 못한다는 것은 알고 있었지만, 진보적 대학에서조차 페미니즘 철학을, 비주류 철학도 아닌, 애초에 철학인지 아닌지를 놓고 학술대회를 한다는 것이 버틀러로서는 충격이었다. 좀 더 확대해 해석한다면 여자도 사람인가, 아니면 여성학도 학문인가 등에 비유될 만한 주제라고 하겠다.

버틀러가 생각하는 철학은, 타자성alteriry을 포함해 '철학 바

같에 있는 철학'이다. 그것이 제도권 철학으로 굳어지면 진정한 철학의 의미를 어느 정도 잃게 된다고 생각했다. 그는 처음부터 유대인, 문제아, 젠더 정체성 문제라는 삶의 핵심적 요인을 통해 철학을 접했기에 삶과 이론의 연관성을 잘 알았다. 철학이 이론과 철학을 나누어 철학의 정통 권위를 고집한다거나, 대학 교과 과정에서 가르칠 만한 철학자와 그렇지 못한 철학자를 나누면서 철학의 학제적 권위에 안주하는 것은 진정한 철학적 자세가 아니라고 비판하기도 한다.

철학은 '철학의 바깥에 있는 철학'이 되어 끊임없이 자신을 인접 학문이나 새로운 영역과 접목하고 다른 인문학과 소통해야 한다. 정통성을 고집하는 대신 인접 학문과의 통섭을 시도하는 이론가들이야말로 철학자의 타자인 동시에 학제를 가로질러 대화에 참여하는 철학자라고 할 수 있다. 이런 이론가들이야말로 프랑어스학과, 독일어학과, 영어학과, 비교문학과, 그리고 과학연구와 여성학과에서 철학적 연구에 대한 관심을 만들어 낸다. 또한 철학이 제도로서의 철학과 구분되면서 인문학 속에서 스스로를 되울리고 철학의 개념 자체를 새롭게 만들면서 확정된 인문학이 될 방법도 제시한다.

정통 철학이 인접 학문과 소통하고 새로운 인문학을 열어 내는 과정은 철학의 상실이 아니라 철학의 확장이다. 이런 과정 속에 철학이라는 주인은 평정심을 잃고 분노할 수 있지만, 이런 자기상실은 헤겔적 의미로 보면 또 다른 공동체의 시작이다. 이 시대에 철학을 하는 개인은, 엄밀한 학제적 제도 교육의 입장에서는 철학의 타자라 할 수 있지만, 철학이 진정으로 철학적이기 위해서 필요한 타자일 수도 있다. 철학은 제도권의 규범성을 깨고, 자신의 타자성을 직면해 수용할 때 더욱 철학적일 수 있다. 어쩌면 제도로서의 철학을 벗어나는 길은 철학 본래의 자기 자리로 되돌아가게 하는 길일지도 모른다. 학문으로서 철학의 자기확장과 자기쇄신의 변화를 요구하는 것이다.

4. 젠더 이분법을 허물고 열린 내일로

이처럼 『젠더 허물기』는 서로 다른 관심 주제를 가진 독립적인 글들이 모여 하나의 주제를 울리고 있다. 그리고 앞서 말했던 그 문제의식은 개인보다는 공동체, 기존의 이분법 수용보다는 비판, 현재의 유지보다는 변화된 미래의 탐색에 있다고 할 수 있다. 개인에서 공동체로 문제의식이 확대되고, 기존의 이분법 담론에 비판적 시각을 보이며, 새로운 이중적 패러다임의 모색을 통해 사회 변혁을 모색하는 것이다. 그런 주제의 협주곡은 서문의 제목처럼 '합주 행위'로 연주된다. 궁극적으로 그 합주 행위의 핵심은 '문화 번역'의 관점에서 서로 다른 차이를 가진 문화가 서로를 대면하고 함께 공존할 가능성을 모색하는 것이기도 하다. 문화상대주의에 빠지는 대신 차이를 통해 두 문화가 동시에 변화할 필요가 있다.

나라는 개인적 정체성이 우리라는 맥락 속의 구성물로 변하면서 기존의 단일하고 공고한 개인은 허물어진다. '젠더 허물기'라는 말의 의미는 젠더 수행성으로 유명한 버틀러의 이론을 고려해 보면 행위로 구성한 것을 다 해체한다는 의미처럼 들릴 수 있다. 그러나 행하기/허물기, 제작/와해, 만들기/부수기라는 이분법은 더 이상 중요하지 않다. 젠더 수행성과 젠더 허물기는 이분법적 대립물이 아니라 서로에 기대어 있는 개념이다. 나는 나를 구성하지만 사회적 제약 때문에 나를 허물기도 한다. 그런 구성과 해체가 동시에 나인 것이다.

『젠더 트러블』에서 말했던 수행성에 사회적, 역사적 맥락이

더 강조되었다고 봐도 좋을 듯하다. 원래 1987년 『젠더와 사회』에 실렸던 캔디스 웨스트Candace West와 돈 짐머만Don H. Zimmerman의 「젠더 행하기」는 사회적 상호작용의 중요성을 강조했고 그에 따라 사회화와 구조주의식 접근의 약점을 드러냈다. 그러나 젠더 행하기는 젠더 체계를 붕괴할 혁명적 잠재력이 있는데도 불구하고 젠더 지속과 불평등의 필연성을 설명하는 이론이 되기도 했다. 젠더 허물기는 행하기를 허물려는 것이 아니라 특정 행위와 그것을 되돌리는 행위 사이의 이분법을 넘는 새로운 가능성을 모색하려 한다.

이분법은 명료한 생각을 가능하게 하는 인식적 틀이지만 분명한 구분에서 차이를 발생시킨다. 이런 차이는 차별로 이어질 수 있다. 차별 없이 차이를 받아들이는 방법은 어디에 있을까? 차이를 생각하는 틀을 두 개가 아니라 여러 개로 만드는 방법이 있을 수 있다. 다원성은 이원성의 폭력을 해소할 수 있다. 이원성의 두 축 중 어디에도 들지 않는 것들을 억지로 변형 혹은 왜곡시켜 둘 중 한쪽에 밀어넣지 않아도 되기 때문이다.

우리가 어떻게 젠더 이분법을 허물 수 있는가의 문제도 마찬가지다. 사회 속에 다양한 젠더를 수용하는 방식이 필요하다.

사회적 상호작용과 젠더의 관점에서 젠더 허물기에 접근하면, 젠더화된 상호작용이 어떻게 젠더 불평등을 수반하는지, 또 제도와 상호작용의 층위가 어떻게 변화를 가져오는지, 어떤 변화의 장을 만들 수 있는지가 중요해진다. 젠더 허물기는 이런 젠더화된 상호작용과, 제도의 사회적 법률적 의미화 층위가 구성되는 방식과, 제도 담론의 매트릭스이자 프레임이 되는 인식성에 대해 비판적 시선을 던질 것을 주장한다. 단순히 모든 것을 망가뜨리자는 것이 아니다. 엄격히 규범화된 섹스, 젠더, 섹슈얼리티의 삶을 허물어 다원적이고 다양한 삶과 젠더의 양상을 받아들이고 비규범적, 비전형적 삶이 삶을 살 수 있고 삶을 살 만한 사회를 만들자는 것이다.

우리 사회에서 근친애나 동성애는 상징 언어로 표명되는 데 실패해서 배제 속에 작동하는 '유령'과도 같다. 이들은 사랑의 그림자 영역이라서, 존재론적으로 지연된 양식으로 자신을 배제하면서 금지로서 사랑을 지속해 생산한다. 살기 좋은 삶, 인정받는 사랑의 영역 바깥에는 그 삶과 사랑에 수반되는 우울증이 나타난다. 규범으로부터의 일탈은 규범의 관점을 수정하고 확장하면서 기존의 친족 구조에 대항하는 작용을 한다. 근친애

금기와 이성애를 기반으로 하는 남성중심, 핵가족중심 정신분
석하은 문화적 층위에서 우울증과 심리적 고통을 생산하는 도
구가 될 수도 있다. 따라서 이성애적 친족 규범과 근친애 금기
에 대한 근본적 재사유가 필요하다.

우리가 비평적 시각을 갖는다거나 비평적인 사람이 되면 어
떤 실천적 변화를 가져올까? 그것은 근본적으로 장소를 갖지
않는 어떤 '자유로운 비장소'를 가져야 한다는 것이 아니다. 기
존에 당연히 받아들이던 조건에 대해 질문을 던지거나 의문시
할 수 있는 가능성을 열어 내자는 것이다. 버틀러에게 비평성
이란 사유된 실험, 에포케, 의지 행위를 통해 도달할 수는 없
지만, 토대 자체의 열개와 파열을 거쳐 도달할 어떤 가능성으로
존재할 수 있다. 지금 내가 어떤 분류에 들어가는가를 따지는
것이 아니라 그런 분류를 만든 토대, 인식의 틀에 대해 질문해
보자는 것이다. 인식의 틀을 인지하게 되면 변화할 수도 있기
때문이다. 그것을 가능하게 하는 것이 비평이다.

이런 비평성은 어쩔 수 없이 비유어로밖에 지칭될 수 없지만,
그것은 기존에 정해진 영역에 위치한 장소나 의미가 아니다.
오히려 그런 장소나 비장소의 경계 설정이 어떻게 발생했는지

를 꼼꼼히 살피는 것이 비평적 활동이다. 비경계나 무경계라는 어떤 근본적으로 자유로운 다른 대안적 장소를 지칭하는 것 자체도 어떤 의미에서는 분명 기준과 규범을 필요로 한다. 중요한 것은 너무나 의심 없이 당연하게 여겨지던 기준 형성의 권력관계와 담론조건에 대해 끊임없이 정치적·윤리적으로 심문하고 비판하며 새로운 변화의 가능성을 모색하는 일이다.

예컨대 비장애와 장애를 결정하는 기준은 무엇인가? 의료계가 만든 『정신 질환 편람』이 그 하나일 수 있다. 보험금 수혜 혜택 기준도 젠더 정체성 장애 판정의 기준과 연동된다. 하지만 이 책 하나가 젠더를 표명하는 실제 인간 군상의 여러 즉흥적 행동 양식을 다 설명할 수는 없다. 남성이 여성의 옷을 입는 것, 또 여성의 옷을 만드는 행위도 어떻게 보면 규범과는 다른 행동일 수 있다. 다른 한편 그것은 미학적 예술 활동이자 미완성의 문학 활동일 수도 있다. 뭔가가 만들어지고 있고, 새로운 것이 시도되고 있지만 그 결과는 예측할 수 없다. 이런 즉흥 행위나 대체 행위는 기존 규범으로는 명명조차 불가능하다.

개인의 즉흥 행위가 갖는 개별성은 중요하다. 그러나 그 행위가 사회 속에 이름이나 인식틀이 없다면 사실상 행위로 인정받기 어렵다. 그런 의미에서 개인의 젠더는 사회성 속에, 자율성은 타율성 속에, 자족적이고 독립적인 이성은 상호적 관계성이나 감정적 연대 속에 허물어진다. 어떤 사람이 한 젠더로 산다는 사실은 그 사람의 의미, 즉 그 사람이 이 사회 속에서 잘 살고 있다는 심리적이고 정서적인 느낌 면에서 중요하며, 동시에 그 삶 속에 행위하고 실천하는 몸의 존재라는 물질적이고 현실적인 양상 면에서도 중요하다. 이런 중요하고 핵심적인 부분은 사실 안정되고 견고한 한 개인만의 자율적이고 독립적인 특성으로 보기보다는, 사회적인 부분에 상당히 의존하는 불안정하고 유동적이며 관계적인 것으로 봐야 할 것이다. 개인의 정체성을 주장하기 위해서는 그 개인이 살고 있는 사회 세계에 대한 설명이 반드시 있어야 한다. 자율적 개인으로서의 그 사람에 대한 설명도 언제나 처음부터 그 사람이 아닌 외부의 상황과 맥락에 달려 있기 때문이다. 이 대목에서 자율성은 그 자율성이 박탈되고 허물어지는 사회적 관계에 기대어 있고 '구성적 타율성'에 의존한다는 역설이 발생한다.

젠더는 만들어지면서 허물어진다. 다시 말해 한 개인의 독립적 젠더는 그 젠더를 둘러싼 사회의 관계와 맥락 속에 의미를 되새기면서 사회적으로 의미화된다. 그래서 개인의 젠더를 세우는 일은 개인의 젠더를 허무는 일이기도 하며 인간의 자율성 안에는 구성적 타율성이 있다. 자율성을 자율성으로 구성하기 위해 자율성의 외부로 존재해야 하는 타율성 말이다. 인간이 자율적으로 행위하기 위해 타율성 속에 허물어져야 한다는 것이 바로 자율성의 패러독스이며, 자율성의 근간에 있는 타율성은 태어나면서부터 타인에게 기대는 인간의 근본적 취약성뿐 아니라 제도, 사회, 환경 사회 시스템 속의 인간 간의 상호의존성 문제를 제기한다.

알아들을 수 없는 목소리로 발화되는 것은 사회 속에서 인지하기 어렵다. 목소리는 들려야 하고 행동은 함께 해야 한다. 악기의 연주도 마찬가지다. 음색과 음률이 발현되어야 하고 그것이 다른 악기와 조화를 이루어야 콘서트 곡을 연주할 수 있다. 젠더 이론에서 중요한 것은 구성론이냐 본질론이냐의 쟁점이 아니다. 그보다 중요한 것은 '인간의 삶', '인간다운 삶', '인간으로 인정받는 삶'에 놓인 젠더의 정치적 맥락에 대한 분석이다. 콘서트에서 인식 가능한 악기가 연주되고 그 연주가 인정 가능한 음률로 전체와 조화를 이루는 것처럼, 개인의 정체성은 사회 속에서 의미를 갖고 삶의 가능성을 획득한다.

버틀러는 '인간'이라는 개념을 미래의 선언으로 개방하고 열어 두는 것이 국제 인권 담론과 정치 기획에서 무엇보다 핵심적 과제라고 생각한다. 이는 '인간'이라는 개념 자체가 실상 대부분 미국적 관점에서 규제되면서도 국제적인 보편성을 대표하는 것처럼 보이는 현상에 대한 비판적 성찰이기도 하다. 최소한 반제국주의적이고 비제국주의적인 국제 인권적 방식은 '인간'이라는 말이 의미하는 바를 문제시하여 그것이 문화적 장을 가로지르며 정의되는 여러 방식과 수단을 알아야 한다는 것이다. 그것은 무엇이 '인간'인지에 대한, 혹은 무엇이 '인간적 삶'의 기본 조건과 요구인지에 대한 각 지역의 국지적 개념을 재해석해야 한다는 의미이기도 하다.

여기서 다시 한번 국제 문화와 국지 문화, 또 국지적 지역 문화들 사이를 가로지르는 '문화 번역'의 중요성이 강조된다. 스피박이 번역한 데비Mahasweta Devi의 글에서 스피박의 번역은 국지적인 것과 세계적인 것을 횡단하고 있으며, 이 경우 국지적인 것과 세계적인 것의 횡단에 있어서 저자인 데비 자신이 매개가 된다는 것을 알 수 있다. 이것은 재현 자체의 균열을 통해 일어나므로 충돌 없이 매끄럽게 일어날 수가 없다. 데비가 스피박을 통해 오는 것이라면 그것은 스피박이 데비의 새로운 저자가 된다는 뜻이 아니라, 저자성 자체의 분열 양상을 드러낸다는 뜻이다. 그런 의미에서 보편성은 인류가 문화적으로 더 복잡하고 혼종된 세계에 살게 될 때 상실할까 봐 두려운 '서구성'의 또 다른 표식이 아닌지 반성적으로 질문해야 한다.

문화 번역은 멕시코 티후아나 출신 트랜스페미니스트 사야크 발렌시아Sayak Valencia가 소비 자본주의와 폭력 담론이 만든 '엔드리아고 주체'를 벗어날 가능성을 제시하는 방법의 하나이기도 하다. 발렌시아는 『고어 자본주의』에서 친숙한 이분법과 다른 우리를 새롭게 정체화할 방법으로 네트워크를 확립하고 문화적 번역의 전략을 제시하고, 집단적 실훔의 과정을 공유하는 일이라고 폴 프레시아도Paul B. Preciado의 견해를 빌려 주장한다. 문화 번역은 전세계가 폭력 자본주의의 현실을 벗어날 방법이기도 하다.

이제 나에서 우리로, 규범의 수용에서 변화의 촉구로, 고립된 이론에서 현실 참여의 가능성으로 열린 『젠더 허물기』의 문제 의식은 이전보다 사회성을 더 강하게 요구한다. 그리고 그 사회성을 가능하게 하는 근본적 인식의 토대, 인식의 틀에 대해 더 적극적으로 심문할 것을 요청한다. 문제는 인식의 틀, 즉 프레임을 다시 짜는 일이다. 그러려면 프레임이 존재한다는 것을 알아야 하고 그 인식의 프레임을 미래로 열어 변화시키려는 노력이 필요하다. 그런 노력이 현실을 바꾸고 열린 미래, 변화된 미래로 이끌 동력이 될 수 있다.

2장

[두 번째 렌즈]
젠더에서 인간으로, 나에서 우리로:
구성적 타율과 관계적 감성

『젠더 허물기』는 앞서 말했듯이 1999년부터 2004년까지 여러 곳에 기고하고 발표했던 11개의 글을 묶어 낸 책이다. 이 글들을 한 권의 책으로 묶어, 새롭게 그 의미를 더해 주는 글은 서문 「합주 행위Acting in Concert」라 할 수 있다. 「합주 행위」라는 제목은 한나 아렌트의 행위 능력이나 콘서트 행위와 관련되어 있기도 하지만, 여러 사람이 서로 다른 악기 파트를 연주하면서 차이 속에 공존을 모색할 가능성을 염두에 둔 것이기도 하다. 아렌트는 『인간의 조건』에서 실천과 이론 면의 행동하는 삶vita activa과 관조하는 삶vita comtempativa을 나누어 생각했고 이 중 행동하는 삶을 구성하는 근본적 구성물로 노동, 작업, 행위를 들었다.[25] 이런 아렌트의 행위 개념을 가져와 공론장에서 공적인 역할을 하거나 자기 견해를 피력하는 정치 활동을 합주 행위에 비유했다고 할 수 있다. 합주를 위해 우리는 나의 외부에 의존하는 구성적 타율성과 관계적 감성에 주목할 필요가 있다.

버틀러는 현재 캘리포니아 버클리대학교의 비교문학과와 비평이론 프로그램의 맥신 엘리엇 교수로, 또한 유럽대학원의 한나 아렌트 학과장으로 재직 중이며, 과거 헤겔 철학이 프랑스에 미친 영향에 대한 역사적 접근으로 박사 학위를 받았다. 학위논문을 단행본으로 출간한 첫 저서가 『욕망의 주체*Subjects of Desire: Hegelian Reflections in Twentieth-Century France*』(1987)이다. 이후 정

---

25 노동(labor)은 사람이 생존에 필요한 자원을 생산하기 위해 자연에 의식적인 작용을 가하여 자연을 변형시키는 것이다. 작업(work)은 사람이 자신이 죽은 뒤라도 세상에 의미있는 무엇을 남겨 두어 자신의 영속성을 확인받고자 하는 학문이나 예술 활동이다. 행위(act)는 자신이 속한 공동체에서 공적인 역할을 맡거나 자기 견해를 피력해 자신만의 독특성과 탁월성을 구현하고자 하는 활동이다. 이 셋은 인간의 조건으로 모두 어떤 형태로든 일을 하는 것이다. 사람은 생존과 관련된 노동 말고도 많은 시간과 자원을 들여 어떤 활동을 하는데, 그것은 때로 도덕적, 미적 가치를 추구하기도 하고, 때로는 공동체에서 자신의 영향력을 넓히기도 한다.

신분석학, 페미니즘, 정치 철학, 해체론을 기반으로 페미니즘과 퀴어 이론을 논의한 『젠더 트러블』로 세계적인 주목을 받았고, 퀴어 이론의 창시자라는 타이틀을 얻었다. 『젠더 허물기』는 그로부터 14년이 지난뒤 『불확실한 삶』과 함께 2004년 출간되었다. 이 저작은 전기의 젠더 계보학에서 후기의 정치윤리학을 구분 짓는 분기점의 하나로 평가된다.

젠더 존재론의 계보학적 연구라 할 『젠더 트러블』은 버틀러가 34세에 집필한 책이다. 젊은 연구자였던 버틀러는 "섹스는 이미 언제나 젠더"라는 말로 페미니즘계에 일대의 파란을 일으켰다. 신체적 차이에 입각한 생물학적 성조차 규율권력의 효과인 당대의 인식성과 담론 체계 안에서 인식되고 인정받는다는 『젠더 트러블』의 주장은 많은 반론을 야기했다. 특히 인식과 달리 실재하는 몸을 어떻게 설명할 것인가에 대한 문제 제기가 강했고 이에 대한 응답이 『의미를 체현하는 육체Bodies that Matter』(1993)로 간행된다.

버틀러는 뒤이어 『권력의 정신적 삶The Psychic Life of Power』(1997)과 『혐오 발언Excitable Speech』(1997)을 출간하면서 정신분석학과 해체론으로 재해석된 푸코 이론가, 수행성과 수행적 언어를 결합한 언어 철학자로서의 입지를 굳힌다. 이후 지젝이나 라클라우 같은 당대의 쟁쟁한 좌파 이론가들과 보편성 논쟁을 벌인 『우연성, 헤게모니, 보편성*Contingency, Hegemony, Universality*』(2000)과 안티고네를 친족 교란과 젠더 역전의 급진적 퀴어 주체로 재해석한 『안티고네의 주장*Antigone's Claim*』(2000)을 출간한다. 2004년에 출간된 두 권의 책, 『젠더 허물기』와 『불확실한 삶』은 기존의 젠더 논의를 확장할 기반이 된다.

특히 『젠더 허물기』는 성 교정 수술이라는 명목하에 인터섹스 아동에게 가해지는 사회적 폭력의 문제부터 비제도권에서 시작한 버틀러 자신의 철학이 갖는 타자성에 이르기까지 젠더와 젠더를 둘러싼 규범을 인간의 인간됨과 살기 좋은 삶, 살 수 있는 삶이라는 관점에서 다양한 각도로 고찰한다. 한편 『위태로운 삶』은 2001년 9/11 사건 이후 공적 죽음의 애도를 통한 삶의 불안정성과 불확실성을 논의하면서 애도 가능한 삶과 애도 불가능한 삶을 나누는 인식과 인정의 기준에 포함된 정치권력의 문제를 다룬다.

그 후에도 버틀러는 『윤리적 폭력 비판』(2005), 『누가 민족 국가를 노래하는가?*Who Sings the Nation-State?: Language, Politics, Belonging*』

(2007), 『전쟁의 틀』(2009), 『지상에서 함께 산다는 것』(2012), 『박탈*Dispossession: The Performative in the Political*』(2013) 등을 썼다. 이 외에도 인터뷰나 공저가 다수이며 2015년만 해도 『주체의 의미』와 『집회의 정치이론 소고*Notes Toward a Performative Theory of Assembly*』두 권을 출간했고 2020년에는 『비폭력의 힘』을 출간했다. 또 2021년에는 취약성과 애도의 슬픔을 중심으로 동명의 단행본 안의 한 꼭지인 「여전히 중요한 몸*Bodies That Still Matter*」을 썼다. 저작 활동뿐 아니라 세계적인 강연 활동도 왕성하게 해내고 있다. 한국에서도 2021년 9월 EBS 채널의 〈위대한 수업〉에서 '젠더'라는 제목으로 5강을 진행했다. 버틀러는 프랑스의 마크롱, 폴란드의 두다, 브라질의 보우소나루 정권 등 세계적 보수화 경향과, 젠더 교육을 줄이라고 요구하는 반젠더 이데올로기를 우려하고 있다. 한편으로는 트랜스 배제 페미니즘도 경계한다, 페미니즘이 모든 젠더에 기초한 억압과 차별에 대한 저항이라면, 트랜스를 배제하는 페미니즘은 있을 수 없다는 것이다.

버틀러의 비평적 관점은 당연하다고 생각되어 온 인식틀의 발생 경위를 밝히고 그 틀이 당대 권력의 산물임을 밝히는 계보학적 관점이라 할 수 있다. 그런데 이런 관점의 대상이 전기와 후기에 다소 변화된 양상을 보인다. 전기의 학문적 경향이 젠더를 중심으로 정신분석학과 해체론에 기반해 이론적인 연구에 집중했다면, 후기의 논의는 인간됨이나 삶을 초점으로 현실의 정치 철학과 윤리학에 집중한다는 면에서다. 『욕망의 주체』부터 『안티고네의 주장』까지는 기존 페미니즘과 구조주의에 대한 비판적 관점에서 섹스, 젠더, 섹슈얼리티가 의미화되는 담론권력과 규범 지형에 대한 이론적 천착이라 할 수 있다. 반면, 『젠더 허물기』와 『불확실한 삶』을 기점으로 복잡한 이론보다는 현실의 문제가 전경화되면서 인터섹스, 성소수자에게 박탈된 권리뿐만 아니라 전쟁 포로의 인권 문제, 민주주의를 향한 정치집회, 이스라엘의 반 평화 국가정책에 반대하는 유대인의 입장을 좀 더 현실의 맥락에서 구체적으로 논의한다.

이런 전환을 가능하게 한 것은 미국이 거의 최초로 겪은, 예상치 못한 외부의 힘에 의한 큰 폭력의 경험이라 할 9/11 사건이다. 미국은 2차 세계대전 이후 세계의 최강국, 국제적 경찰로 경제적 힘과 군사적 권력을 과시해 왔다. 그런데 이 사건은 최고 강대국이자 선진국인 미국 역시 외부의 우발적 계기로 인해 상처받고 파괴될 수 있다는 사실을 보여 줬다. 그래서 버틀러에게 주체의 근본적 취약성이나 공동체와의 상호의존성에 대해 다시 생각하는 계기를 준 것으로 보인다.

2001년 9월 11일 WTC파괴로 미국은 3천여명의 목숨을 잃었다. 미국은 슬픔에 분노로 반응했다. 국가적 슬픔을 공언한 뒤 9/11을 테러로 규정하고 한 달이 채 안되어 아프가니스탄에서 '자유'라는 이름으로 전쟁을 일으킨 것이다.[26]

전쟁은 더 많은 희생자를 가져왔다. 아프간 전쟁 이후에는 이라크 전쟁이 있었고 이 전쟁으로 죽은 전몰 미군 병사 수는 9/11로 인한 사망자 수를 훨씬 넘는다. 민간인을 포함해 아프간과 이라크에서 죽어 간 사상사 수는 제대로 집계조차 되지 않은 상황이다. 미국이 십수 년간 아프간과 이라크에서 벌인 전쟁으로 인한 난민의 수는 어림잡아 아프간에서 300만, 이라

---

[26] 2001년 10월 7일 미국의 아프간 침공으로 아프가니스탄 전쟁이 시작되었다. 2001년 9/11 사건을 테러라 규정지은 뒤 9/11테러에 대응하기 위해 미국과 영국은 연합군을 구성했다. 당시 작전명은 '항구적 자유 작전(OEF: Operation Enduring Freedom)'였다. 당시 침략 목표는 오사마 빈 라덴을 체포하고, 알 카에다를 파괴하며, 탈레반의 알 카에다 지원을 단념하게 하는 것이었다. 이후 2003년 3월 20일 나토군이 개입하면서 미군과 영국군은 이라크 전쟁을 일으키고 사담 후세인 대통령을 체포한다.

크에서 180만 명으로 추산된다. 3천 명의 희생자가 500만 가까운 희생자로 확대된 것이다. 이런 희생자에도 차이가 있었다. 9/11 사건으로 죽은 사람들은 세계 언론을 통해 한명 한명 이름이 불리며 애도되었지만, 아프간과 이라크에서는 얼마나 많은 사람이 죽었는지 공식 집계조차 없으며 하루아침에 마을 하나가 폭격을 받아 사라져도 그 사실조차 보도되지 못했다.

폭력과 전쟁은 삶을 위태롭게 한다. 삶을 위협하는 이런 위기 앞에 좀 더 적극적인 대응이 필요할지 모른다. 슬픔을 분노와 전쟁으로 즉각 이동시키기보다 슬픔에 머물면서 인간 보편의 취약성과 나약함에 대해 사유하는 것이 어쩌면 더 큰 폭력을 줄일 방법일지도 모른다. 그래서 『젠더 허물기』는 나에서 우리로, 젠더 계보학에서 정치윤리학으로, 이론에서 실천으로의 변화를 모색한다.

1. 나의 즉흥성

"나는 나를 만드는 완전하고 자족적인 주체인가?"

『젠더 허물기』의 서문은 이 문제에 답한다. 나의 즉흥성은 언제나 사회적 규제라는 장 위에 있다. 「합주 행위」는 젠더가 일종의 행위, 어느 정도 우리가 알지 못한 채 우리 의지와 상관없이 부단히 행해지는 행위지만, 그렇다고 해서 그것이 자동적이거나 기계적인 것은 아니라고 말한다. 그와는 반대로 젠더는 "규제의 장 안에서 일어나는 즉흥적 행위"[27]다.

"규제의 장 위에 있는 즉흥적 행위"는 무엇을 의미할까? 젠더 자체는 개인의 자율성과 즉흥적 의지에 따른 것이지만, 그것이 사회라는 규제의 장을 벗어나서는 의미화될 수 없다는 뜻으로 해석할 수 있다. 내가 나만의 젠더라고 부르는 것이 내가 창작했거나 내가 소유한 것일 수는 있지만, 그것은 반드시 사회성 위에 있다. 이 사회성은 한 사람의 외부에 있고 그것은 만든 사람도 한 명 이상이다.

따라서 나의 즉흥성은 언제나 사회의 규제성과 함께 있다. 우리는 우리의 존재를 구성하는 사회적 규범의 욕망에서 비롯

---

[27] 주디스 버틀러, 『젠더 허물기』, 조현준 옮김(서울: 문학과 지성사, 2015), 10쪽. 이하 해당 책에서의 인용은 본문 내 괄호 안에 쪽수만 표기하기로 한다.

된다. 이 욕망은 우리의 개별 인간됨에서 비롯되었다기보다는 사회의 시향, 사회의 규범과 관련되어 있다. 그래서 나의 즉흥성이나 나의 욕망은 언제나 어느 정도 내가 사는 사회와 연관성을 지닌다.

내가 행위 없이는 존재할 수 없는 사람이라면 내 행위의 조건은 부분적으로 내 존재의 조건이기도 하다. 나의 행위가 내게 행해진 행위에 달려 있다면, 아니 그보다도 규범이 내게 작동한 방식에 달려 있다면 내가 '나'로서 지속될 가능성은 내게 행해진 것과 밀접히 관련될 수 있는 나의 존재에 달려 있다. (13)

내 행위가 내 존재의 조건이라는 주장은, 행위가 존재를 만든다는 수행적 정체성 논의의 연장선에 있다. 그런데 내 행위가 내게 행해진 행위에 달려 있다는 것은 내가 능동적으로 행위를 하는 만큼, 내게 수동적으로 행해진 행위도 있다는 뜻이다. 그것은 규범의 작동을 의미한다. 내가 태어나기도 전에 이미 내 사회의 규범은 작동하고 있었기 때문에, 엄밀히 말하면 하는 아무것도 없는 '무nothing' 속에 태어난 것이 아니라 나 이전에 존재하고 작동하던 사회 속에 태어난 것이다.

이제 나의 행위는 내게 행해진 행위에 달려 있다. 내가 선택할 수 있는 행위는 온전히 나의 창작에 의한 것이기보다는 사회 속에서 인지되고 형성된 여러 선택지 중의 하나를 택하는 행위이기 때문에 내 주체적 활동은 어느 정도 제한적이다. 내가 완전히 독창적이고 창조적인 삶의 방식을 택했다고 해도, 나는 내가 태어난 사회의 언어를 받아들여야 하고 인식의 틀을 수용해야 한다. 그것을 바탕으로 독창성도, 창의성도 가능하기 때문이다.

내가 나로서 지속될 가능성도 내게 행해진 것과 밀접히 관련된 나의 존재에 달려 있다. 내가 나로 지속되려면 내가 나를 주장하는 여러 활동을 해야 한다. "행위 뒤에 행위자가 없다"는 수행적 정체성은 행위가 주체를 만든다는 행위의 적극적 구성성을 강조한다. 그런데 이런 행위조차 온전히 나만의 독창적 창조물이라고 할 수 없다. 분명 나의 수행적 정체성을 만드는 행위는 그 사회의 언어, 문화, 관습, 의례, 규범에 입각하여 형성된다. 그런 의미에서 나의 즉흥성은 사회의 규제성, 혹은 사회적 규제성과의 관계에 입각해 표명된다.

2. 사회의 규제성

버틀러에게 나의 젠더 정체성은 나로 인해 발생하고 나에서 끝나는 자족적이거나 완결된 것이 아니다. 그것은 타인을 향한 것이며 언제나 사회 속에 있다. 이 사회성은 규범의 의미에서 보면 사회적인 것이지만, 관계의 의미에서 보면 감정적인 것이기도 하다. 나는 언제나 나의 외부와 관계하고 있는데, 내 행동에 영향을 주는 내 외부의 그것은 때로 사회의 규범이기도 하고, 내가 소중히 여기는 사람, 사물, 혹은 이상이기도 하다. 내 외부의 보이지 않는 규범, 이상화된 가치, 혹은 사랑하는 사람들은 나의 행동에 직접 혹은 간접적으로 영향을 미친다.

> 게다가 우리는 자신의 젠더만 '행하는' 것이 아니다. 우리는 언제나 다른 사람과 더불어, 혹은 다른 사람들을 위해 '행하고' 있다. 그 다른 사람이 상상에 불과할지라도 말이다. (10-11)

우리는 언제나 다른 사람과 더불어, 다른 사람들을 위해 행위고 있다. 내가 전교 일등을 하려 하거나, 장학금을 타려 하거나,

대기업에 취업고자 하거나, 유명한 세계적 학자가 되려는 행위와 노력도 사실은 그런 가치를 중시하는 사회나 사람의 영향이다. 여러분에게 가장 큰 영향을 주는 사람은 여러분을 낳고 길러 주신 부모님일 수도 있고, 지금 열정적인 사랑에 빠진 애인일 수도 있으며, 마음을 나누는 친구, 혹은 몸담고 있는 직장 상사나 평소의 롤 모델로 생각해 온 사회적 인사일 수도 있다.

중요한 것은 내가 나의 정체성을 만드는 행동이 늘 나의 내부에서만 오는 게 아니라는 사실이다. 나는 언제나 내가 사랑하는 사람에 기대어 있고, 내가 사는 사회가 중시하는 가치에 기대어 있다. 그런 의미에서 나는 늘 나의 외부에 있다. 내가 어떤 행위 주체성을 갖고 있다고 해도, 그것은 나 스스로 선택한 적 없는 사회 세계에 의해 구성된다는 사실로 인해 늘 열려 있다. 그래서 나는 나 자신인 만큼 나의 외부이기도 하다.

몸은 가멸성, 취약성, 그리고 매개성을 함축한다. 피부와 살은 우리를 타인들의 응시에 노출시키는 한편, 접촉과 폭력에도 노출시킨다. 몸은 또한 이 모든 것의 매개이자 도구가 될 수 있고, '행하기'와 '당하기'가 모호해지는 장소가 될 수도 있다. (41)

내 몸은 나의 것이지만 내 것이 아니기도 하다. 왜냐하면 내 몸은 유한한 생을 사는 필멸의 것이고, 다치고 멍들고 상처받는 나약한 것이며, 내가 나를 사회적 규약에 맞게 표현하는 매개체이기 때문이다. 오늘의 나는 젊고 아름답다고 해도, 언젠가 내 몸은 내 의지와 상관없이 늙어 스러질 것이다. 또 내 몸은 단순한 생물학적 요구에 구속될 뿐만 아니라 쉽게 병들 수 있다. 이 또한 내 의사와는 무관하게 진행된다. 또 몸은 나만의 것이 아니라 사회적 매개체이자 당대의 규범이나 규약을 표현하는 매체이다. 내가 아무리 자유롭게 나를 표현하고 싶다고 해도, 삭발을 하고 속옷만 입은 채 집밖을 나다닐 수 없는 것과 마찬가지다.

따라서 나를 나로 표현하는 데는 개인의 자유나 즉흥적 선택도 중요하지만 그것의 표현이 가능한 사회적 장도 그만큼 중요하다. 그런 의미에서 우리의 젠더는 언제나 사회적 관계성, 혹은 사회적 규약으로 허물어진다고 할 수 있다.

3. 서로 관계 맺고 기대어 사는 우리

『젠더 허물기』부터 버틀러의 계보학적 관심의 대상은 성차에서 인간으로, 개인에서 공동체로 확대된다. 젠더나 섹슈얼리티보다는 인간다움, 인간으로서의 삶, 살 수 있는 삶, 살기 좋은 삶, 적절한 애도가 충분히 이루질 수 있는 삶과 그렇지 않은 삶에 초점이 주어지는 것이다. 또한 개개인의 삶의 자율성이나 자족성보다는 공동체에 대한 상호의존과 상호관계가 중요해진다. 개인의 자율성이나 특이성보다는 공동체의 제도와 규범, 나보다는 우리, 젠더보다는 인간의 중요성이 전면화되므로 근본적으로 서로에게 의존하게 되면서 개인의 자율적 능력이 상대적으로 약화된다. 그럼에도 탐구의 대상이 변화되고 확대되었을 뿐 객관적이거나 중립적인 기술로 보이는 것에 대한 계보학적 탐구는 여전하다.

『젠더 허물기』의 1장은 '무엇이 살기 좋은 세계를 만드는가'라는 윤리적 질문으로 시작된다. 이는 이전의 이론적 논의로부터 상당한 수준의 방향 전환을 이루어 문제의식을 확대했다는 점에서 의미가 있다. 페미니즘의 입장에서 여성의 젠더 정체성을 논의하고 퀴어의 관점에서 섹슈얼리티를 논의하던 전기의 관점과는 달리 남성과 여성을 아우르는 보편 인간, 그 인간의 인간됨, 그런 인간을 인간으로 살게 하는 인간으로서의 삶의 조건, 살기 좋은 삶이 무엇인가에 대한 확대된 관점이 전경화되는 것이다.

1990년 출간된 『젠더 트러블』이 비결정적이고 불확정적인 젠더가 구성되는 이론적 양식을 논의했다면, 그 후 14년 뒤 출간된 『젠더 허물기』는 성적 비결정성이나 불확정성으로 고통받는 현실의 여러 소수자, 즉 마이너리티의 삶을 논의한다. 특히 남자로 태어나 여자로 살았고 다시 남자로 되돌아온 데이비드 라이머의 비극적 삶은 비규범적 성적 정체성을 가지고 살아가는 삶이 현실적으로 겪을 수 있는 복잡한 현실의 문제들을 보여 주는 대표적 사례이다. 개인의 삶은 개인만의 독자적이고 자족적인 것이 아니라 사회적 관계 속에서 의미가 구성되는 상호적인 것이기 때문에 상호의존성 혹은 상호관계성의 이름으로 개인은 사회 속에 허물어진다. 과거 개별 '젠더'의 계보학적 구성을 이론적으로 고찰하던 버틀러는 이제 하나의 젠더가 단독적으로 설 수 없는 현실의 상호성에 주목하는 것이다. 현실의 젠더는 이처럼 상호의존과 상호관계에 열려 있어서 자율적이지도 독립적이지도 못하다. 그래서 개별적이고 단독적인 '나'는 언제나 '우리' 앞에 허물어지게 되어 있다.

버틀러에게 주체의 근본적 취약성이나 공동체와의 상호의존성 논의를 자극한 것은 앞서 살펴본 바와 같이 2001년 9/11이라는 미국이 예측하지 못한 외부의 원인으로 인한 폭력 사태였다. 이제 강대국과 선진국으로서 미국의 위상이 흔들렸다. 아무리 내가 안전해도 나의 자족성은 외부의 요건에 의해 침해될 수 있다. 나의 자율성은 사회와 세계 앞에 노출되어 있기 때문에 타자에 대한 관계성과 의존성의 관점으로 새롭게 볼 필요가 있다.

십여 년 전 모든 정체성의 규제적 의미화에 저항하던 버틀러는 이제 유대인, 여성, 철학자, 퀴어로 스스로를 전면화하고 자신의 개인적 삶의 역사를 드러낸다. 그가 말하는 현재의 '나'는 체계적 학제 교육에 평온하게 적응한 철학자가 아니라, 소수자의 삶을 살면서 제도 교육의 문제점을 비판적으로 지목하고 제도 철학의 변방에 있는 철학 소수자들의 문제를 제기한다는 의미에서 철학에 저항하는 이단아이다. 또 과거 청소년기의 '나'

는 타고난 젠더 정체성에 순응한 정상적 아이가 아니라 안정된 젠더 규범에 반항하며 술집과 골방을 전전하던 문제아였다는 점에서 젠더 소수자의 문제도 제기한다.

제도로서의 철학에 저항하고, 젠더 규범을 문제 삼던 버틀러의 문제의식은 비제도적 페미니즘 철학자로서의 인생, 비규범적 퀴어로서의 삶에만 국한되지 않고 더욱 확장된 인간의 존재론, 또한 존재에 대한 인식 가능성의 문제로 확대된다.

1) 구성적 타율성

『젠더 허물기』의 서문인 「합주 행위」는 이처럼 나를 넘어서 있으면서, 내가 존재하기 전부터 있던 세계 속의 주체에 주목한다. 내가 행위 없이 존재할 수 없는 사람이라면 내 행위의 조건은 부분적으로 내 존재의 조건이지만, 내 행위가 규범이 내게 어떻게 작동했느냐에 달려 있다면, 내가 나로 지속될 가능성은 내가 행하는 것보다는 내게 행해진 것과 관련된 내 존재에 달려 있다. 나는 내 행위로 구성되지만 동시에 내게 행해진 규범으로도 구성된다는 행하기/당하기의 패러독스가 있는 것이다.

나의 행위 주체성은 이런 나의 구성 조건을 부인하는 데 있는 게 아니다. 내가 어떤 행위 주체성을 갖고 있다고 해도, 그것은 나 스스로 선택한 적 없는 사회 세계에 의해 구성된다는 사실로 인해 언제나 열려 있다. 패러독스로 인해 찢겨졌다고 해서 나의 행위 주체성이 아예 불가능하다는 뜻은 아니다. 그런 패러독스만이 행위 주체성이 가능해지는 조건이라는 뜻일 뿐이다. (13)

이런 패러독스는 '나 자신을 잃는다beside oneself'는 것과 관련된다. '나 자신을 잃는다'는 것은 내 이성을 잃고 미칠 듯 분노하거나 제정신을 잃고 감정에 휘둘리는 슬픔이나 격정의 폭발로 인한 통제 불능 상태를 말한다. 이는 하이데거의 탈아Ek-stasis 개념을 떠올리게 하는 엑스터시ec-stasy의 황홀경과도 연결된다. 엑스터시는 정태적 상태로부터의 이탈out of stasis이자 존재로부터 탈주한 상태의 탈아beyond existence를 의미하며, 이는 다시 말해 자신을 잃은 상태의 나, 내 정체성 자체가 외부의 규범에 의존하기 때문에 피아식별이 불분명한 정체성을 말한다. 이런 엑스터시는 관계성 속의 존재, 타인과 함께하는 존재의 사유를 열어 둔다.

그렇다면 합주 행위나 통제력 상실, 혹은 엑스터시는 모두 개인보다는 관계성, 이성보다는 감정에 좌우되는 삶의 양상과 관련된다고 할 수 있다. 이들은 모두 개별 정체성보다는 그것을 둘러싼 사회성, 맥락성, 역사성의 중요성을 일깨우며, 이성으로 통제할 수 없는 감정적 격렬성과 강도 높은 관계성, 타인과의 뜨거운 정서적 공감을 의미한다. 이들은 모두 주체의 근본적 취약성과 주체와 타자 간의 상호의존성을 강조한다.

우리는 서로에 의해 허물어진다. 누구든 항상 온전한 상태로 있을 수는 없으며, 내 몸은 내 것인 동시에 내 것이 아니다. 우리가 혼자 살 수 없는 감정적 관계의 주체라면 내가 느끼는 슬픔은 나의 욕망, 즉 내가 사랑했던 대상의 상실에서 비롯된 것이고 그 욕망과 욕망의 결과가 언제나 인간을 상처받기 쉬운 주체로 만든다. 이는 우리가 몸이라는 한계적 상황의 주체, 즉 늙어 죽으며 쉽게 상처받고 고통받는 사람이기 때문에 벌어지는 일이다. 그리고 이런 욕망과 한계는 나의 주체적 행위뿐 아니라 내게 행해진 사회 규범에도 그 원인이 있다.

똑바로 바라보자. 우리는 서로에 의해 허물어진다. 서로에 의해 허물어지지 않는다고 해도 무언가를 그리워하고 있다. 그것이 명백하게 슬픔의 사례로 보인다면 이유는 단지 그것이 욕망의 사례였기 때문이다. 누구든 항상 온전한 상태로 있을 수는 없다. 누군가 온전하기를 바랄거나 실제로 그럴 수는 있지만 아무리 최선의 노력을 다해도 사람은 다른 사람을 대면하면서 그 감촉이나 향기나 느낌, 아니면 그 감촉에 대한 예상이나 그 느낌에 대한 기억 때문에 허물어진다. (37)

우리는 감정적 교류에 의한 관계성과 사회적 관계망 속의 주체들이며, 따라서 근본적 취약성과 상호의존성 속에 존재한다. 내 행위로 구성되는 몸의 구성성조차 내 행위에 작용하는 나의 외부의 규범성에서 비롯되는 것이라 볼 수 있다. 이제 우리는 구성적으로 타율적인 존재이자 관계적 감성의 존재가 된다.

2) 관계적 감성

누군가를 사랑해 본 적이 있는가? 우리는 사랑을 하고 있을 때 가장 나약하다. 내가 아무리 강해도 내가 사랑하는 사람 앞에서는 한없이 약할 수밖에 없다. 나 자신의 이성을 잃고 감정적으로 휘둘리는 상태도 사랑할 때 발생한다. '미칠 듯 분노하여', '제정신을 잃고'리는 감정의 폭발이나 통제 불능 상태도 사랑하는 대상과의 관계 속에 발생한다. 다시 말해, 감정의 폭발이 일어나는 것은 누군가에게 감정적 관계의 강도가 높을 때이다. 우리가 아무도 사랑하지 않고 평생 혼자 산다면 감정적으로 휘둘리거나 격분할 일이 없다. 그러나 인간은 관계적 존재다. 아리스토텔레스의 말처럼 사회적 존재기도 하다. 그래서 이성 이면에 감정은 언제나 휴화산처럼 존재한다.

감정은 후기 버틀러를 설명하는 핵심 개념의 하나로 이해될 수 있다. 개인보다는 공동체, 이성보다는 감정에 좌우되는 삶의 양상과 관련된다고 볼 수 있다. 나는 나 자신만으로 살 수 없다. 누군가를 사랑하고, 사랑 때문에 아파하고, 또 분노하고, 기뻐하는 그런 존재다. 다시 말해 나의 존재는 개인보다는 개인을 둘러싼 사회성, 맥락성, 역사성을 중시하며 무엇보다도 타인과의 관계 속에 나타나는 감정적 연관성 속에 있다.

나 자신을 잃는다는 것은 이성으로 통제할 수 없는 감정적 격렬함과 격통, 타인과의 정서적 공감을 의미한다. 나는 사회 속의 존재이기 때문에 사회적 규약의 영향도 받지만, 개인의 삶조차 혼자서는 살 수 없기 때문에 사랑하는 사람과의 감정적 연대와 의존 속에 살아간다. 이런 주체와 타인의 감정적 연대는 주체의 근본적 취약성과 주체와 타자 간의 상호의존성 각각에 기반한다는 것을 방증한다.

어떤 의미에서도 나는 혼자서 살 수 없다. 소비 자본주의 사회에서 나의 생존은 생산과 소비 행위로 일어나고 생산자로서, 또 소비자로서 내가 살기 위해서는 그 생산과 소비를 가능하게 하는 시스템 안의 사람들이 필요하다. 빵과 커피를 먹기 위해서는 돈을 벌 직장이 있어야 하고, 번 돈을 소비할 시장이 있어야 한다. 직장과 시장은 모두 나의 외부에 있는 사람들로 구성되어 있다.

생존만이 아니다. 정서적 안정을 위해 내겐 가족이나 친구, 혹은 연인이 필요하다. 나와 삶의 희로애락뿐 아니라 은밀한 비밀과 따뜻한 혹은 뜨거운 사랑을 나눌 타인이 필요한 것이다. 그런 상대가 당장 내게 물질적 도움이 되지 못한다고 해도 우리에겐 그런 대상이 필요하다. 가족과 친구, 연인은 내게 이해관계로는 설명될 수 없는 중요한 의미가 있다. 그래서 인간은 관계적 존재이고 나를 허물더라도 그 관계에서 비롯된 감정을 우선시하기도 한다.

그것은 단순히 내가 이런저런 관계를 갖고 있다고 말할 수 있는 것도 아니고, 이런 관계는 이런 의미고 저런 관계는 저런 의미라고 객관적으로 설명할 만한 것도 아니다. 슬픔이라는 감정만 해도 그렇다. 슬픔이라는 것은 우리가 타인과의 관계 속에 존재하는 방식을 보여 준다. 내가 느끼는 슬픔은 내가 원해서 합리적으로 오는 것이 아니다. 그래서 내가 사랑하는 사람이 내가 견고하게 나라고 믿어 온 것을 허물 수 있다.

내가 누군가를 사랑하는데 그 사랑에 문제가 생기면 나는 슬픔에 빠질 수 있다. 사랑하는 사람이 떠나 버리거나 죽는다면 그 견딜 수 없는 슬픔은 나의 생존을 위협할 수 있다. 우리는 사랑하는 사람을 온갖 감각으로 기억한다. 그 감각은 부드러운 촉감일 수도 있고, 특정한 향기와 관련된 후각일 수도 있으며, 만났을 때 입었던 옷의 시각적 이미지, 같이 먹었던 음식의 미각, 혹은 함께 들었던 음악의 청각이 감각적으로 기억될 수 있다. 나의 젠더나 섹슈얼리티조차도 내 것이기보다는 내가 사랑하는 바로 그 사람에 따라 다형적 모습으로 변모할 수 있다. 만일 내가 남자인 줄 알고 사랑했던 사람이 트랜스 여성이라면 나는 이성애자일 수도 있고 레즈비언일 수도 있고, 그 어느 것도 아닐 수도 있다.

열정은 자제력을 잃고 몰입하게 되는 특정한 흥분 상태일 수 있지만, 다른 한편, 분노나 슬픔 때문에 제정신을 잃는 원인이 되기도 한다. 성적인 열정이건, 감정적 슬픔이건, 정치적 분노건 우리는 누군가에게 기대어 살며, 내가 기대어 있는 타인이나 공동체가 기존의 나를 허물고 새로운 나를 구성한다. 우리가 관계적이라는 것은 그만큼 타인에게 기대어 있다는 뜻이고, 타인에게 나를 내맡긴 만큼 나를 허물면서 내가 존재한다는 의미이기도 하다.

3장

[세 번째 렌즈]
인터섹스와 트랜스섹스,
그 현실 폭력에 대응하기

    개인의 행위만큼 중요한 사회의 규약과 규범을 생각해 본다면 젠더가 규제의 장 안에서 일어나는 즉흥 행위, 혹은 콘서트장에서의 즉흥 연주 행위와 같다는 말이 이해가 갈 것이다. 이제 개개인의 젠더와 섹슈얼리티는 그 자체로 의미되는 것이 아니라 당대의 사회적·역사적 맥락에서 합의된 규범과 규제를 통해 인식되고 인정된다. 개별적 젠더보다는 공동체의 정치성에 대한 관심이 커졌다.

    젠더가 사회적 장으로 허물어진다.

    앞서 말했듯 젠더가 규제의 장 안에서 일어나는 즉흥적 행위라면, 그 어떤 즉흥적 행위라 할지라도 규제의 장을 완전히 벗어나서 의미화될 수는 없다. 젠더는 여전히 행위지만 어느 정도 그 행위는 우리가 알지 못한 채 우리 의지와 상관없이 부단히 행해진다. 젠더가 자신의 의지와 무관하게 행해진다고 해서 그것이 자동적이거나 기계적인 행위라는 뜻이 아니다. 규제적 장 안의 즉흥행위로서의 젠더에는 이중적 모습이 있다. 개별적 즉흥성과 사회적 규제성이라는 두 가지 상반된 모습이 병존하는 것이다. 내가 나만의 젠더라고 부르는 것은 나의 창작물이나 나만의 소유물처럼 보일지 모르지만, 사실 나의 외부에 있다. 그런 젠더를 만든 사람도 한 명이 아니라 여러 명이며, 그게 누구인지 정확히 알지 못해 고유한 창작자를 지목할 수도 없다. 젠더는 한 사람의 내부에도 있고 외부에도 있다.

욕망도 마찬가지다. 욕망은 내가 나의 젠더 정체성을 어떻게 파악하느냐에 따라 전혀 다르게 인식될 수 있다. 내 욕망이 완전히 결정된 게 아니라는 사실은 어떤 규범으로도 인간의 섹슈얼리티를 완벽히 파악할 수는 없다는 의미이기도 하다. 욕망의 특징이 자리를 옮겨 계속해서 이동한다는 데 있고, 욕망은 규범을 넘어설 수 있으며, 규범에 대응하는 새로운 형태를 취할 수도 있고, 심지어는 완전히 뒤집어 규범을 매력적이게 만들 수도 있다. 따라서 섹슈얼리티는 규제적 권력만이 작용한 결과라고만 말할 수 없다. 그것은 섹슈얼리티가 본성상 자유롭고 길들여지지 않는 것이라고 말하는 것이다. 개인의 즉흥성이 규제의 장 안에 있듯, 규제의 장 안에도 즉흥적 가능성이 있다. 섹슈얼리티는 규제 안에 완전히 담기지 못한다. 섹슈얼리티는 규제 때문에 소멸되었지만 규제 때문에 가동되기도 하고 자극되기도 하는 역설적 대상이다.

　그런데 이런 섹슈얼리티가 현실에서 폭력이 되기도 한다. 특히 인터섹스와 트랜스섹스에 대한 사회적 비난은 한 사람의 인간됨을 의심하고 인간적 삶을 위협할 지경에 이른다. 태어날 때 남자나 여자 중 어느 한쪽의 기준에 들지 못하는 사람, 혹은 성장 중에 변이 가능성을 보이는 몸은 많은 경우 의료권력에 의해 교정을 권고받는다. 사회가 두 양극 중 하나에 맞추기를 권장하는 것이다. 이런 몸이 사랑을 하고 다른 사람에 대해 욕망을 느끼게 될 때 문제는 더 복잡해진다. 시스젠더[28]나 이성애

28 　태어날 때 부여받은 성별과 자라면서 동일시하는 젠더가 같은 사람을 말한다. 일반적으로 생물학적 성과 문화적 젠더를 동일시하는 사람을 지칭하므로 트랜스젠더와 상반된 개념이다. 폴 프레시아도는 시스젠더를 바이오 여

를 제외한 많은 다형성 섹슈얼리티의 사회적 발현은 한 사람의 생존을 위협할 정도로 인간의 삶에 큰 영향을 미친다.

3장과 11장에 소개된 데이비드/브렌다 사례와, 스스로 철학의 타자라 생각하는 버틀러 자신의 사례를 통해 우리는 규범적이지 않은 삶, 규범적이지 않는 학문이 이 사회에서 어떻게 대우하는지 살펴볼 수 있다.

'누군가를 공정하게 평가한다는 것'이라는 제목이 달린 3장은 사회적 규범 때문에 타율적으로 몸이 구성된 데이비드/브렌다 사례를 다룬다. 앞서 간략히 논의했지만 좀 더 살펴보도록 하겠다. 원래 일란성 남자 쌍둥이로 태어난 브루스와 브라이언 형제는 의사의 진단에 따라 생후 8개월에 포경 수술을 받기로 한다. 둘 중 브루스가 먼저 수술을 받다가 레이저 기계의 출력 조절 실패로 음경이 거의 타 버리게 된다. 이 사건으로 브루스의 부모님은 매우 놀랐고 막막해 하던 중 우연히 TV를 보다 수술을 통한 트랜스섹스와 인터섹스의 행복한 삶에 대해 이야기

성 혹은 바이오 남성으로, 트랜스젠더를 테크노 여성 혹은 테크노 남성으로 부르기도 한다.

하던 존 머니 박사를 알게 되었고, 머니 박사의 강력한 권고로 브루스를 여아로 키우기로 결정한다. 브루스는 고환을 제거하고 질을 만들기 위한 예비 수술을 받았으며 이름도 여자 이름인 브렌다로 바꾼다.

그 후 존스홉킨스대학의 존 머니 연구소에서 장기간 정기 검진을 받던 브렌다는 9세-11세 정도에 자신이 여자가 아니라는 것을 깨닫게 된다. 음경이 없는데도 서서 소변 보기를 좋아하던 브렌다는 다시 한번 그런 행동을 하면 죽여 버리겠다는 학교의 여자 학생들의 협박을 받기도 했다. 그를 여자로 만들려는 머니 연구소의 노력에도 불구하고 브렌다는 남성적 활동을 선호했고 여성호르몬인 에스트로겐 주사를 거부했다. 성의 재배치에 불만감을 느낀 브렌다는 내분비학자 밀튼 다이아몬드 박사를 만나 재검을 받게 되면서 14세가 되어서야 이름을 데이비드로 바꾸고 다시 남성으로 돌아가는 호르몬 요법과 수술을 받았다. 테스토스테론 주사를 맞고 젖가슴을 제거했으며 성적 쾌감을 느끼거나 배뇨는 가능하지만 사정은 불가능한 음경도 달았다.

여기서 문제는 성에 대한 후천적 구성주의도 선천적 본질주

의도 아니다. 머니는 정상화라는 명목으로, 다이아몬드는 자연이라는 이름으로, 경계에 있는 한 사람의 몸에 폭력과 훼손을 가하기 때문이다. 어쩌면 더 심각한 문제는 브루스/브렌다/데이비드에게 시간을 주고 그 자신의 언어와 심리에 기초한 성적 결정권을 주기보다, 인터섹스나 트랜스섹스를 사회적 시선으로 재단하고 어느 하나로 빨리 구분지으려는 규범적 이분법 관념일 것이다. 사실 그는 인터섹스도 트랜스섹스도 아니지만, 비규범적 성 정체성에 대한 사회적 시선과 반응을 가감 없이 보여 주는 구체적 사례인 것은 분명하다. 인터와 트랜스의 영역에 있는 몸은 권위적 의료 담론의 권고라는 이름으로, 정상성이라는 명목으로 본인의 의사와 상관없이 훼손당한다. 다시 한번 정리하자면, 브렌다/데이비드 사례는 인터섹스 아동에게 행해지는 '성 교정 수술'이라는 원치 않는 '교정' 수술의 잔혹성과 강제성, 그리고 지속적 해악에 대해 대중적 관심을 모으는 계기가 되었다.

누군가를 공정하게 평가한다고 할 때, 우리가 공정이라고 말하는 윤리적 기준은 많은 경우 사회적 규범에서 온다. 그러나 우리가 스스로를 설명하고자 할 때 자신을 설명하는 그 말과 자기 자신으로 하여금 스스로를 이해하게 하는 말들은 외부의 '공정'이라는 기준에서가 아니라 각 개인의 개별적인 것으로 인정받아야 하며, 더 나아가 그 자체로 존중받아야 한다.

그럼에도 불구하고 우리는 이미 규범화되어 있고 이미 사용 중인 언어들이 행해지기 때문에 우리 자신에 대해 말하려 할 때에도 우리 생각을 미리 좌우하는 언어로 자신에 대해 설명할 수밖에 없다. 데이비드를 오랫동안 따라다닌 인터뷰와, 계속된 강제적 관찰 과정은 데이비드에게 자신을 설명할 언어를 주지 않았다. 오히려 제도 담론은 의학 이론을 강화하기 위한 도구로 데이비드의 사례를 이용했고, 설령 그에게 그런 언어를 주었다고 한들 이미 기존 규범에 젖은 언어로 이루어진 자신에 대한 설명이 얼마나 데이비드에게 자율권을 주었을지도 의심해 봐야 한다. '당연히 그래야 하는' 모습과 다르다고 느끼는 데이비드가 자신을 설명하는 언어 또한 이미 제도 담론과 젠더 규범에 기초해 형성된 언어이기 때문이다. 그는 여자의 몸이 되는 수술을 강요하는 의사의 얄팍함을 알고 있었고, '다리 사이에 달린 것'에 의해 자신의 가치가 정당화되지 않는다고 생각했다. 그렇다면 데이비드의 정체성은 자기동일적 자율성에 입각한 행위의 결과이기보다는, 구성적 외부로서 자율성을 형성하는 규범으로 인한 구성적 타율성의 결과이다.

우리가 주목할 부분은 데이비드의 인간됨을 선언해 줄 규범과 데이비드가 스스로를 설명하는 말 사이의 간극, 그리고 통약 불가능성이다. 그의 발화가 자신의 가치에 대해 말하는 순간에도 우리는 그를 구성하는 내용을 다 알 수가 없으며, 그의 인간됨이 등장하는 것은 그가 인정하거나 제거하거나 범주화할 수 없는 방식들 속에서다. 그러나 그는 자신의 발화를 통해 인식 가능성을 부여하는 규범에 대해 비판적 관점을 제기했다. 데이비드 발화의 설명 불가능성은 발화를 통해 다 드러나지 않지만 그 전조가 되는 파편을 말 속에 남기는 타자의 설명 불가능성이자 담론 자체를 초월한 자아의 설명 불가능성이다.

한편, 버틀러는 책의 마지막 장에서 '철학의 타자는 말할 수 있는가'를 묻는다. 『젠더 트러블』에서 이론적 쟁점 뒤에 숨었던 패러디적 수행성 주체, 반복 복종속에 재의미화되고 사랑하는 타자를 합체했던 모호한 행위 주체는 『젠더 허물기』에 와서 유대인, 여성, 퀴어, 철학자로서 역사적 현실 속의 자신을 전면화하고 제도교육 규범에 저항하던 문제아, 골방에서 담배를 피워

대던 바 다이크[29], 철학으로 인정받지 못하는 페미니즘을 사유하는 철학자로 자신을 정체화한다. 창고에서 자신의 부모님이 학창시절 읽던 철학책을 독학하거나 유대인회당에서 랍비의 강의를 들으며 비정통적 방식의 철학 교육을 받은 유대인 퀴어 버틀러의 입지는 그가 사회 소수자의 문제에 관심을 갖도록 만들었으며 이런 문제의식은 인터섹스나 트랜스섹스 문제와도 맞닿아 있다. 강대국의 제도권 교육자, 즉 버클리대학 백인 교수로만 알려졌던 버틀러는 스스로를 유대인, 비학제적 교육을 받은 철학자, 젠더 동일시의 문제를 겪는 사람으로 전면화한다. 그래서 주변인이자 소수자로서 철학의 타자, 남성의 타자, 이성애자의 타자라는 타자적 위상에 대한 윤리적 접근의 방식을 모색한다.

버틀러가 철학을 하게 된 데에는 부모님과의 관계적 연대성과 감성적 연결성이 일조했다. 스피노자Baruch de Spinoza의 『에티카』, 키에르케고르Søren Kierkegaard의 『이것이냐 저것이냐』, 쇼펜하우어Arthur Schopenhauer의 『의지와 표상으로서의 세계』는 당시

---

29 술집에서 많은 시간을 보내는 레즈비언을 비하하는 말을 뜻한다.

대학 교재로 쓰였다는 점에서 철학 제도의 부산물로 온 것이지만, 부모님의 유산이라는 비제도적인 방식으로 온 버틀러의 인생을 좌우한 책들이다. 베닝턴대학에서 예일대학으로, 독일 유학을 거쳐 버클리대학 교수가 되기까지 '욕망'과 '인정'이라는 버틀러의 평생 주제를 중심으로 그를 이끈 동력은 제도로서의 철학이 아니라 자신의 삶을 해석할 열쇠이자 언어로서의 철학이었다. 그는 자신의 철학이 제도권 교육으로 시작되지도 않았으며 자신이 추구하는 학문도 철학으로 간주되지 않기 때문에 '철학'이 아니라 '이론'이라고 불린다는 것도 알고 있었다.

버틀러는 젠더 규범에 순응하는 전형적 여성만 여성인 것이 아니라, 크로스젠더 동일시를 하는 여성의 다양한 젠더 가능성에 대해서도 열린 사고를 할 수 있어야 하는 것이 아닌지를 삶속에 고민하듯, 철학이 나아갈 길은 철학 학제에서 인정하는 교과 목록상의 철학자 탐구가 아니라 이론이라는 이름으로 행해지는 여러 인접 학문과의 교류가 아닌지를 학문 속에 고민한다. 비규범적 젠더 양식과 비제도적 철학 공부로 이루어진 저자의 현실과 정체성에서 비롯된 실천적 고민이기도 하다. 철학이라는 제도 학문, 젠더라는 정체성이 안정된 제도나 고정된 규제로부터 자유로울 때 철학은 새로운 해석과 의미로 열릴 것이고 또한 비억압적이고 비폭력적 미래로 향할 가능성이 된다. 반대로 정통 철학, 규범적 젠더만을 고집하는 것은 억압과 폭력을 생산할 수 있다. 오히려 철학의 문제아, 젠더의 이단아가 철학의 타자로서, 또 젠더의 타자로서 철학과 젠더 내부의 이질성을 차이를 드러내고 동일시의 폭력을 막을 윤리적 방식이 될 수 있다.

1. 정상/비정상을 나누는 규범의 문제

차이의 윤리적 대면이라는 문제는 젠더의 소수자, 철학의 타자에 대한 정치윤리적 성찰로 연결된다. 어떤 사람이 젠더 트러블, 젠더 블렌딩, 트랜스젠더, 크로스젠더를 말한다면 그 사람은 당연시된 이분법 너머에서 젠더가 유동하는 방식을 제시하고 있는 것이다. 버틀러에게 트랜스젠더는 제3의 젠더가 아니라, 규범적 젠더로 환원될 수 없는 틈 사이에 있는 전환적 젠더 형태를 말한다. 또한 젠더가 규범이 된다는 것은 항상 미약하게만 특정한 사회 행위자에 의해 구현된다는 의미이기도 하다.

규범은 규범화의 암묵적 기준으로 사회적 실천 속에 작동한다는 점에서 명시적 규칙이나 법률상의 법칙과 구분된다. 불어로 '정상성normalité'이라는 말은 1834년에, '규범normatif'이라는 말은 1868년에, 독일 규범과학은 19세기 말에 등장했다. 흔히 '정상화'를 의미하는 '규범화normalization'라는 말도 1920년대에 등장한 역사적 산물이다. 에발드뿐 아니라 푸코에게도 규범화는 관료적이고 훈육적인 권력이 정상성을 만드는 작용을 의미한다. 정상성에 입각한 암묵적 규범normality/norm을 만드는 명시적 규제 또한 규칙적인 패턴을 만들어 누군가를 훈육하고 감시하는 근대 후기 권력 양태인 것은 말할 것도 없다.

구성적 타율과 관계적 감성을 논의하는 『젠더 허물기』는 14년 전 쓰인 『젠더 트러블』과 공유하는 인식론적 관점도 있고 달라진 부분도 있다. 인과론의 전도를 통해 원인을 밝히려는 계보학적 사유는 그대로 이어진다. 젠더 규제에 앞서 존재하는 젠더는 없으며, 젠더가 어떤 규범이라면 그것은 주체가 인식될 수 있는 장을 생산하는 사회권력의 형식이고, 젠더 이분법을 제도화하는 장치이다. 그런 규범으로서 젠더의 이상성은 젠더 실천들이 제도화한 결과물이다. 프랑수아 에발드는 규범적 행동이란 법의 사법적 체계라는 비용을 지불해야 존재할 수 있으며, 규범화에 입법의 증가가 필요하기는 해도 반드시 입법과 대립할 필요는 없다고 주장했다. 버틀러는 규범이 규칙의 특수한 변형태일 뿐 아니라 규칙을 생산하는 방식이자 가치 결정의 원칙이라고 주장한다.

2. 문화 번역을 통한 새로운 비평성을 향해

거듭 말하거니와 『젠더 허물기』가 그녀의 대표작 『젠더 트러블』과 달라진 점은 크게 세 가지로 정리할 수 있다. 첫째는 '나'에서 '우리'로 존재적 인식론을 확대한 점이고, 둘째는 이론적 정교함에서 현실적 정치성으로 선회해 사회 소수자에 대한 정치윤리적 성찰을 전개한 점이며, 마지막은 다문화 시대에 차이를 수용하는 정당한 방식으로서 문화 번역의 가능성을 강조한다는 점이다.

과거의 『젠더 트러블』이 '나'의 불안정하고 비결정적인 젠더 모호성을 옹호하면서 하나의 범주로 고정되지 않는 비정체성의 젠더 이론을 형성하고자 했다면, 『젠더 허물기』는 여성이면서 사회적 소수자로, 또 성적 소수자로 살아가는 공동체인 '우리' 잎의 현실적 사회, 문화, 역사, 지역 관계 속에서 소통하고 말하고 느끼는 현실의 정치윤리적 삶을 논의한다. 이 지점에서 문화상대주의와 구별되는 '문화 번역'의 중요성이 제기된다.

문화 번역은 차이에서 오는 도전을 배제하지 않으면서 어떻게 인식성의 척도와 잣대를 문제 삼는 이런 차이를 대면할 것인가의 문제를 직시한다. 그것은 나와 다르다는 것, 그 차이가 내 존재에 위기와 문제를 가져온다고 하더라도 그 차이를 받아들일 수 있는 윤리적 방식에 대한 고민이기도 하다. 다문화 시대에 차이를 마주할 윤리적 방법으로서 문화 번역 실천은 버틀러가 『우연성, 헤게모니, 보편성』에서 이미 강조했던 개념이기도 하다.[30]

---

[30] 우연성은 필연성을, 헤게모니는 경제 결정론을, 보편성은 특수성을 염두에 둔 것이다. 우연성, 헤게모니, 보편성의 최종심급은 보편성의 문제로 수렴되는데, 보편성의 기의 없는 텅 빈 기표라고 보는 라클라우나 지젝과 달리 버틀러는 다양한 문화규범에 따라 보편성의 의미가 달라진다고 보았으며, 해방적 보편성을 위해서는 '문화 번역'이 필수적이라고 보았다. 따라서 버틀러의 번역 실천은 문화 규범속에 숨겨진 배제를 드러내어 새로운 보편성을 정식화하려는 노력으로 이해된다.

시간, 공간, 국경을 넘는 글로벌 사회, 지구촌 네트워크 속에 상호의존성과 상호관계성을 체현하고 있는 현대인의 삶의 맥락에서 문화 번역은 한 언어에서 다른 언어로의 변환 속에 일어나는 타자와의 대화적 관계의 가능성을 의미한다. 또한, 다양한 이질성과 정체성 간의 상관적 지식으로서 문화적 동요 속에 유동하는 공간과 서로 교차하는 다양한 경계 간의 교류를 의미하기도 한다. 이런 변환의 과정은 기존의 재현 체계를 위협하고, 새로운 경계 넘기와 교섭의 가능성을 모색하면서, 보편성 개념에서 배제된 것으로부터 역사적이고 우연적인 자기 정의를 발견하는 '언어도단'이나 '수행적 모순'으로 나타나며, 서로 경쟁하는 '열린 보편성'으로 재소환된다.

문화 번역은 보편성을 거부하기보다는 보편성에 내재한 특수성에 주목한다. 자기 안에 유령으로서의 타자를 포함할 가능성이자 반토대주의적인 의미에서의 구성적 외부가 될 잠재성이기도 하다. '경쟁하는 보편성'으로 재소환된 문화 번역은 기존의 보편성 개념을 파괴하면서 보편성의 구성적 외부이자 보편성의 우연적 경계를 구성하는 '수행적 모순'으로 작용한다. 보편성을 만드는 것은 경쟁하는 특수성 사이에서 가장 큰 힘을 가진 것이지만, 그것은 문화 사이에 열려 있고, 이질적인 것이 소통하고 왕래하는 문화적 교류 과정에서 변화되기도 한다.

보편성에서 배제당하면서도 보편성의 관점으로 주장을 한다는 것이 바로 어떤 특정한 '수행적 모순'일 수 있다. 언어적으로 발생하는 수행적 모순으로 보편성을 표명하는 것은 미래의 민주주의 기획에 합당한 보편성의 역사적 기준을 수정하고 재편하는 작용을 할 수 있다. 보편성이 아직 분명히 표명되지 않았다는 주장은 '아직'이라는 말이 보편성 자체를 이해하는 데 타당하다고 주장하는 것과 같다. 즉 보편성으로 '구현되지 않고' 남아 있는 것이 핵심적 의미에서 보편성을 구성할 수 있다.

보편성에 포함되지 않는 사람들이 보편성의 기존 공식에 도전하면서 보편적인 것은 표명되기 시작한다. 그것은 현 체계 안에서 '누구'라고 명명될 언어적 위치나 인식적 위치가 없는데도 그런 '누구'를 지칭하는 언어와 인식의 보편성에 포함될 것을 요구하는 사람들의 도전이기도 하다. 『젠더 허물기』가 젠더에서 삶으로, 나에서 우리로 이행하면서 젠더의 철학화, 철학의 젠더화를 수행했고 이를 통해 어쩌면 정치윤리 사상을 더 발전시키고 젠더 논의는 약화시켰는지도 모른다. 그러나 이런 전환점은 젠더를 가진 개인이 놓인 사회문화적 토대와 그 인식의 매트릭스를 재사유하게 한다. 개인은 사회에 열려 있고 사회는 다른 사회에 열려 끊임 없이 변화한다는 점을 말이다.

'나'에 선행하는 '너', '나'의 경계를 불확실하게 하는 '너'는 '너 없는 나'의 정체성이 필연적으로 실패하게 만드는 윤리적 자원이 되기도 한다. 젠더가 허물어지면서 이제 나의 젠더, 나의 인간됨 혹은 내가 인간으로 인식되거나 인정될 가능성에는, 나보다 앞서는 타자의 중요성이 제기된다.

개별적이고 단독적인 나는 사회성과 문화 규범 위에 구성된 우리에 의존하고 그에 따라 우리로 허물어진다. 자율적이고 독립적인 근대적 젠더 주체 누구도 그/그녀 혼자서는 살 수 없다는 현실의 상호성이 부각된다. 현실의 젠더는 상호의존과 상호관계에 열려 있어서 자율적이지도 독립적이지도 못하기 때문에 그것은 타율적이고 관계적인 우리, 그것을 지탱하는 사회 규범과 문화 토대, 또 그 인식 가능성과 인정 가능성을 만드는 담론에 달려 있다. 그래서 우리는 모두 뜨거운 관계적 감성 속에 사는지도 모른다.

『젠더 트러블』을 경유해 『젠더 허물기』가 놓치지 않는 비평적 시각은, 근본적으로 장소를 갖지 않는 어떤 자유로운 비장소를 갖지는 것이 아니라 기존에 당연하게만 받아들이던 조건에 대한 질문의 가능성을 열어 내자는 것이다. 비평성이란 사유된 실험, 판단 중지, 의지 행위를 통해 도달할 수는 없지만 토대 자체의 열개와 파열을 거쳐 도달할 수 있는 어떤 가능성으로 존재할 수 있다. 이런 비평성은 어쩔 수 없이 잘못된 비유어로밖에 지칭될 수 없지만 그것은 기존에 정해진 영역에 위치한 장소나 의미가 아니라 오히려 그런 장소나 비장소의 경계 설정 행위를 꼼꼼히 살피는 활동이다.

비경계나 무경계라는 어떤 근본적으로 자유로운 대안적 장소를 지칭하는 것이 아니다. 그것은 또 다른 기준과 규범을 필요로 할 수 있기 때문이다. 그러니 더욱 중요한 것은 끊임없이 열리는 것이다. 그것이 바로 너무나 의심 없이 당연시되던 기준을 형성하는 권력관계와 담론 조건에 대해 끊임없이 정치적으로 비판하고 윤리적으로 심문하면서 새로운 변화의 통찰 가능성을 모색하는 일이 아닐까?

4장
[네 번째 렌즈]
『안티고네』 다시 읽기[31]

　『안티고네』는 기원전 5세기 그리스 비극작가 소포클레스의 비극 드라마이다. 운명의 신탁대로 '안티고네'의 아버지 '오이디푸스'는 자신도 모른 채 어머니 '이오카스테'와 결혼해 네 자녀를 두었다. 『안티고네의 주장』에서 버틀러는 이런 안티고네를 친족을 교란하고 젠더를 역전하는 퀴어 주체로 읽어 냈다. 근친애의 딸이므로 친족 관계가 무너졌고, 여자인데도 남자보다 당당하므로 젠더 전형을 파괴했다는 의미에서다. 『젠더 허

31　이 장은 『비평과 이론』 24권 2호(2019 여름)에 실렸던 논문을 이 책의 목적에 맞게 수정했다.

물기』에서는 한 장을 할애해 크레온과 안티고네를 분석자와 피분석사의 관계로 다시 읽는다. 기존의 『안티고네』 해석에서 놓친 욕망과 고백의 언어에 초점을 두기 위해서다.

「몸의 고백Bodily Confession」은 성이 억압되었다는 정신분석학적 전제가 모호한 무의식적 죄의식을 만들고, 그 죄의식이 처벌에 대한 욕망을 만든다는 주장의 구체적 사례를 제시한다. 버틀러는 소포클레스의 고대 그리스 비극 『안티고네』에 등장하는 안티고네와 크레온의 대립 행위를 끌고 와 안티고네가 결코 친족법을 대표하지 못한다는 것을 예증한다. 안티고네가 크레온의 국가법을 어기면서 죽음을 욕망한다고 말하는 것은, 라캉이 말하듯 순수한 욕망으로서의 죽음 충동이라기보다는 오히려 정신분석학이 무의식적으로 전제한 죄의식이 만든 처벌 효과라고 주장하는 것이다.

안티고네는 오빠를 묻지 말라는 크레온의 칙령을 어긴 순간 죽음의 처벌에 대한 욕망을 선언하고, 죽음이 그 대가인 행위를 스스로 했노라 인정하는 순간에 처벌에 대한 더 강력한 욕망을 표명한다. 크레온과 안티고네의 이런 관계는 분석자와 피분석자의 관계와도 같아서 피분석자는 분석자에게 자신의 삶을 고백함으로써 무의식적으로 처벌에 대한 욕망을 드러낸다고 할 수 있다.

버틀러는 『안티고네의 주장』에서 했던 논의를 확장해 크레온을 분석자로, 안티고네를 피분석자로 놓고 크레온의 위치에 있는 정신분석 치료사들에게 분석자의 특권적 위치에서 내려올 것을 권고한다. 피분석자의 발화가 고백으로 이루어지는 동안 몸은 이미 그 고백으로 인한 처벌의 문제를 가정하고 있기 때문에 피분석자의 고백은 알 수 없는 무의식적 죄의식을 동반한다. 그에 따라 모호한 죄의식을 안고 있는 고백은 자기부정을 두려워하면서도 자기부정을 유도하는 발화 형태가 될 것이다. 그러므로 분석자는 법의 선포자나 법의 수행자로서의 특권을 줄이고, 고백적 발화가 치명적 결과를 낳는다는 저주에서 벗어나도록 만들어야 한다. 이는 정신분석학 상담에 있어서 분석자가 권위적이고 초월적인 위치에서 내려와서, 환자와 공감하여 환자가 자기부정을 느끼지 않도록 유도해야 한다는 실천적 제안이기도 하다.

1. 공적인 주장에서 욕망의 고백으로

영웅이란 무엇일까? 3072년 포스트 아포칼립스 세계인 지구를 배경으로 하는 나이트 샤말란 감독의 〈애프터 어스〉(2013)에서 인간이 괴물과 싸워 이길 방법은 공포심을 극복하고 '고스트'가 되는 것뿐이다. 괴물 '얼사'는 인간이 공포를 느낄 때 발산하는 페로몬 냄새로 인간을 추적하기 때문이다. 우주 영웅 '사이퍼'는 아들 '키타이'에게 말한다. "위험은 현실이다. 그러나 공포는 선택이다." 죽음의 공포는 현재가 아닌 미래를 향해 있다. 가멸적 존재이자 유한한 생명체이면서 죽음의 공포를 이길 용기를 가진 인간은 영웅으로 불린다.

기원전 5세기 그리스 비극작가 소포클레스의 드라마 주인공 안티고네는 강한 의지로 죽음을 불사하고 의로운 일에 목숨을 걸 용기가 있다는 면에서 영웅적이다. 그녀에게는 칙령의 위반으로 인한 죽음의 공포보다 오빠의 시신을 매장하려는 의지와 욕망이 더 강하다. 단순히 법을 위반한 것으로도 모자라서, 스스로 법을 위반했다고 공적인 선언까지 한다. 선왕 오이디푸스의 딸이자, 현 통치자 크레온의 외아들의 약혼녀인 그녀는

단 하나의 신념 때문에 죽음을 향해 돌진한다. 진리를 말하려는 그녀의 의지와 욕망은 두려움을 용기로 바꾸어 공포를 극복한다.

이 당당한 신념과 발화 행위는 오빠 폴리네이케스의 매장과 관련되어 있다. 안티고네는 두 번이나 국법을 어겼을 뿐만 아니라, 왕 앞에서 국가법의 위반을 공개적으로 선언한다. 그녀는 말한다. "그래요, 고백합니다. 제 행동을 부인하지 않겠어요." 안티고네의 이러한 주장은 크레온에 대한 공적인 저항의 선언이지만, 다른 한편 죽은 오빠에 대해 숨겨 온 사랑을 전하는 고백의 언어기도 하다. 안티고네는 남성적 언어로 남성적 주권에 도전하는 한편, 오빠에 대한 무의식적 욕망을 크레온에게 고백한다. 친족과 젠더의 경계를 흔드는 안티고네의 욕망은 퀴어하며, 퀴어한 욕망의 고백은 처벌과 해방을 동시에 촉구한다. 위험을 감수하는 진리 발화 행위는 나와 너를 새롭게 만들고, 우리의 관계성에 영향을 주고, 나아가 규범까지 변화시킬 수 있다.

말을 넘어서는 몸의 언어, 무의식적 욕망과 사랑의 '고백'은 『안티고네의 주장』과 달리 『젠더 허물기』에서 버틀러가 새롭게 주목한 대목이다. 새로운 안티고네 해석은 공적인 주장에서 욕망의 고백으로 초점을 옮긴다. 근친애의 딸이면서 남성적 면모를 흡수한 '친족 교란'과 '젠더 역전'의 퀴어 주체인 안티고네는, 이제 오빠에 대한 무의식적 사랑을 크레온에게 전이하여 사랑을 고백하는 욕망의 주체로 해석된다. 이 장에서는 안티고네를 여성 영웅으로 보는 관점과 퀴어 주체로 보는 관점을 대비시키고, 더 나아가 퀴어 욕망의 가능성을 논의하려 한다. 주로 안티고네와 크레온의 관계를 중심으로 정신분석 상담실의 고백자 안티고네가 전달하는 말과 보여 주는 몸의 의미에 초점을 두고자 한다.

2. 여성 영웅, 안티고네

안티고네는 선언한다.

"말하건대 내가 그 일을 했으며 내 행동을 부인하지 않을 것입니다. 시인합니다. 부인하지 않겠습니다."

죽음을 두려워하지 않는 이 당당한 선언 행위는 많은 철학자들에게 해석의 욕망을 자극했다. 19세기 독일 관념론 철학자 헤겔G. W. F. Hegel은 『정신현상학』, 『법철학』, 『미학』에서 조금씩 다르게 해석했지만, 그녀가 국가법은 모른 채 가족법만 대표한다고 보았다. 헤겔에게 안티고네는 아들을 낳아 국가 방위에 기여하지만 공동체보다 가족을 중시해 '공동체의 아이러니'가 되는 어머니의 입장,[32] 혹은 공동체의 번영이나 국가의 공적인 법보다는 가족과 가정에 대한 사랑을 받아들이는 여자의 입장에 있다. 헤겔이 보는 안티고네는, 법의 지배가 나타나는 과정에서 '인간의 법'과 대립하는 '신의 법'이라는 윤리적 파토스pathos가 겪을 수밖에 없는 필연적 갈등이며, 우연적 상황에 반응하는 개인의 성격이 필연성과 윤리성을 띠면서 그 비극적 해결 과정에서 숭고한 아름다움을 이루게 된다. 요컨대 안티고네는 남성적 원리와 여성적 원리의 갈등, 정치적인 국가법과 개인적인 가족 사랑의 갈등에서 '여성적 원리'와 '가족'을 선택한

---

[32] 헤겔의 『정신현상학』은 안티고네를 욕망이 없는 누이로, 『법철학』은 아들을 낳아 군대에 보내는 어머니의 위치에 있는 것으로 해석한다.

대가로 비극적 인물이 된다.

20세기 벨기에 페미니스트 이리가레는 안티고네를 국가 주권주의에 대한 여성적 저항이자 반권위주의의 모범적 사례로 읽어 낸다. 이리가레는 여성이 남성과 동등하거나 평등할 수 없으며, 오히려 남성과는 다른 여성만의 '성차'를 밀고 나가 여성으로 인식되어야 한다고 생각한다. 어머니의 피와 자궁에서 물려받은 여성적 욕망을 실현할 때 비로소 여성이라는 것이다. 그녀는 헤겔의 『안티고네』 해석인 '공동체의 영원한 아이러니'를 여성주의 맥락에서 차용하여, 헤겔을 포함한 남성중심적 서구 형이상학 전통을 비판하는 아이콘으로 인물 안티고네를 읽어 낸다. 이리가레에 따르면, 여자는 본질적으로 어떤 상황에서든 모든 시신을 매장하고자 한다. 안티고네의 매장 행위는 친족을 다시 대지의 자궁으로 되돌려, 오빠를 영원한 근본적 개별성undying, elemental individuality과 재결합시키려는 것이다. 이러한 지고한 의무가 개인과 연결될 때 그것은 신의 법, 혹은 '긍정적인 윤리 행위'를 구성한다.

프랑스 정신분석학자 자크 라캉Jacques Lacan에게 안티고네는 두 죽음 사이에 있는 숭고미이자, 순수 욕망과 아테Até의 화신이다. 그녀는 선악의 이분법 너머에 있는 파괴적 '순수 욕망'의 윤리를 구현한 숭엄한 영웅적 아름다움이다. 안티고네는 누구도 대체할 수 없는 오빠의 '유일성singularity' 때문에 저지할 수 없는 욕망을 발산해서 치명적 한계로 내닫는 여성으로 해석된다. 한편, 아테는 액운의 여신이자 제우스와 에리스의 딸로 올림포스에서 신들 사이의 분쟁을 야기하고 인간을 불행하게 만드는 여신의 이름이다. 인간이 항거할 수 없는 비극적 운명이나 숙명, 인간의 한계를 의미하기도 한다. 그리스에서 아테는 개인적이거나 주관적일 때는 맹목, 얼빠짐, 어리석음을 뜻하며, 집단적이거나 객관적일 때는 파멸, 재해, 재난을 의미한다. 순수 욕망의 추구가 비극적 운명으로 귀결되는 것이다. '순수 욕망'은 죽음 충동, 또 아름다움과 연결되어 선의 영역과 미의 영역을 가로지른다. 안티고네는 연민과 공포가 아닌, 순수하고도 숭고한 아름다움의 효과이며, 이 숭고미는 비인간적이고 초인간적인 '순수 충동'의 주체에게서 발산된다.

라캉에게 안티고네를 '완력으로 죽음으로 끌고 가는' '그분'은 오빠다. 라캉에게 오빠는 특정한 인물이 아니라 남편이나 자식 같은 가족 안의 자리, 즉 친족 체계 안의 상징적 위치를 의미한다. 안티고네는 말한다.

"오라버니의 머리여! 그래서 지금 그분께서 나를 이렇게 완력으로 붙잡아 끌고 가고 있는 거예요. 신부의 침대도 없이 축혼가도 없이 결혼의 행복도 아이를 기르는 재미도 모른 채 이렇게 친구들에게 버림받고는 이 불행한 여인은 살아서 죽은 자들의 무덤으로 내려가고 있어요."

바로 남편도 자식도 대신할 수 없는 오빠의 유일성을 주장하는 대목이다. 안티고네는 '자식도, 남편도 대체할 수 없는', '유일한singular' 오빠에 대한 맹목적 사랑 때문에 고귀한 지위와 미래의 영화를 내던지고 죽음을 향해 돌진한다. 안티고네는 말한다.

"내가 아이들의 어머니였거나, 아니면 내 남편이 죽어 썩어 갔더라면 나는 결코 시민들에 대항하여 이런 노고를 짊어지지 않았을 거예요. 어떤 법을 위하여 내가 이런 말을 하느냐고요? 남편이 죽으면 다른 남편이 생길 수 있을 것이며, 아이도 잃으면 다른 남자에게서 또 생길 수 있을 거예요. 그러나 어머니도 아버지도 두 분 다 하데스에 숨겨져 계시니, 오라비는 나에게 다시는 생겨나지 않을 거예요."

라캉에게 안티고네는 죽음이 삶에 침범해 들어오는 곳, 실제 죽음과의 관계 속에 삶과 죽음의 관계를 관조하는 곳, 숭고미로서의 카타르시스를 경험하는 곳에 있는 '순수 욕망'의 주체이다. 두 죽음, 즉 상징적 죽음과 실제 죽음 사이의 안티고네는 말로 표현될 수 없는 신비한 이미지로서, 아름다움과 매혹만 주는 것이 아니라 동시에 위협과 공포도 준다. 상징 질서와의 분리를 추구하는 '윤리적' 주체 안티고네는 공포와 연민을 순수 상태로 고양하면서, 공동체의 법과 갈등하는 비극적 영웅, 선의 윤리와 대비되는 '미의 윤리'를 구현한다.

라캉 정신분석학에서 여성성과 윤리의 관계는 모호하고 이중적이지만, 윤리학과 미학은 일맥상통한다. 조앤 콥젝Joan K. Copjec은 안티고네가 윤리적이라고 보는 라캉의 의견에 동의한다. 안티고네가 자신의 행위를 통해 운명을 전복하도록 예정된 존재이며, 크레온과 달리 벌거벗은 실존의 조건들 밖으로 자신을 고양시키는 윤리적 주체라고 보는 것이다. 한편 주판치치 Alenka Zupančič의 해석에 따르면, 오이디푸스는 욕망을 끝까지 밀고 나가 더럽고 두려운 '비극의 사물'이 되지만, 안티고네는 이 중적 측면을 갖는다고 본다. 욕망을 끝까지 밀고 나가는 측면과 중간에 저지하는 측면이 둘 다 있다는 것이다.

콥젝과 주판치치는 욕망을 윤리의 차원까지 밀고 가는 정도는 다르게 보지만, 안티고네를 충동의 영역에 있는 '[순수] 욕망'과 연결한다는 점에서 같은 맥락에 있다. 라캉 정신분석학에서 욕망은 '상징적 욕망'과 '순수 욕망'으로 분류된다. 순수 욕망은 상징적 욕망과 달리 고유한 욕망이며, 죽음 충동이나 두 번째 죽음과 연결되어 욕망이라 불리는 단일한 힘의 특정한 구현물로 나타난다. 라캉에게 안티고네는 순수한 죽음의 욕망을 끝까지 밀고 나간 욕망의 화신이다. 그리고 안티고네가 욕망과 두려움 없이 대면하는 데서 윤리가 나타난다.

라캉이 안티고네에게서 발견하는 카타르시스는 연민과 공포에 의한 것이 아니라, 순수하고도 숭고한 아름다움의 효과지만 그 아름다움은 '아테'와의 관계에서 파생된 숭고미이며, 이 숭고미는 비인간적이고 초인간적인 순수한 충동의 주체에게서 발산된다. 죽음을 무릅쓴 안티고네의 행위는 '물자체Das Ding'에 대한 순수 욕망이며, 상징적 질서와의 분리를 모색하는 급진적 윤리의 가능성이다. 선과 미의 변증법에서 미가 선의 원칙을 넘어서는 것처럼, 선을 대표하는 크레온은 미를 대표하는 안티고네로 지양된다. 안티고네는 끝까지 공포를 느끼지 않지만 크레온은 공포를 느끼기 때문이다. 크레온은 자신의 법을 절대법으로 오해하는 판단착오를 범하고도 죽음의 대가를 감수할 줄 모른다.

이처럼 안티고네의 당당한 국가법 위반 행위는 헤겔, 이리가레, 라캉에게 영웅적 아름다움으로 해석된다. 헤겔에게는 누이, 어머니, 혹은 여자로서 가족을 중시하는 '공동체의 아이러니'면서 동시에 인간의 법에 신의 법으로 맞서다 비극을 맞는 '숭고한 아름다움'이 되고, 이리가레에게는 남성중심 주권주의나 서구 형이상학을 비판하는 저항의 여전사로서 대지의 지고한 의무를 따라 윤리적 행위를 만드는 '여성적 영웅'이 된다. 라캉에게는 상징적 죽음과 실제 죽음 사이에서 인간의 도덕을 넘어서는 물자체를 향한 순수 욕망으로서 죽음을 향해 돌진하는 '죽음 충동'이자, 공포스럽지만 매혹적인 '숭고한 아름다움'으로 그려진다. 죽음의 공포를 이겨내는 용기가 영웅적이고도 매혹적으로 그려진다.

3. 안티고네의 주장: 수행적으로 구성되는 친족과 젠더

정신분석학의 출발점이 오이디푸스가 아니라 안티고네였다면 어땠을까? 이 질문은 조지 스타이너의 것이면서, 『안티고네의 주장』을 통해 버틀러가 주목하여 강조한 문제의식이기도 하다. 지금껏 정신분석학이 이성 부모에 대한 근친애 욕망과 아버지를 중심으로 한 부권 질서의 확립을 강조한 데 대한 비판적 통찰이다. 안티고네의 관점에서 정신분석학을 생각해 보면 부권적 위치는 불안정할 뿐 아니라 처음부터 불가능에 가깝다. 어머니 이오카스테의 관점으로 보면 안티고네에게 오이디푸스는 아버지면서 오빠이기도 하다. 안티고네가 합당한 매장을 받지 못한, 죽은 오빠에 대한 사랑 때문에 목숨을 건다면 그때의 오빠는 폴리네이케스일 수도 있고 오이디푸스일 수도 있다.

안티고네는 태생부터 부권 질서의 안정성을 의심하는 위치에 있다. 아버지가 오빠라면 오이디푸스 콤플렉스를 인간의 근본적 욕망으로 설명하기는 어렵다. 정신분석학의 핵심적 가족애 관계, 즉 아버지, 어머니, 아이의 삼각 구조에 입각한 욕망 논의는 흔들린다. 아빠가 오빠가 되고, 딸이 여동생이 되면 혈연관계에 입각한 가족 구조 자체가 와해될 수 있다. 정신분석학의 출발점을 안티고네로 보면 혈연적 친족 질서의 모호성에서 시작해야 한다. 안티고네는 친족의 관점에 얽혀 있기도 하고 그 규범의 외부에 있기도 하다.

이제 친족을 혈연이 아니라 행위의 관점에서 생각해 볼 수 있다. 자기도 모르게 어머니와 결혼한 아들의 자식은 친족 계보를 흔들지만, 이때의 가족은 행위나 역할로 재구성할 수 있다. 즉 딸이 딸로서 행동하고 아버지가 아버지로서 행동할 때, 오이디푸스는 안티고네의 아버지가 될 수 있다. 오이디푸스는 안티고네를 딸이라 부르고, 부녀 간의 사회적 관계 속에 친족 관계를 형성한다. 혈연이 모호할 때 친족을 형성하는 것은 매 순간 주체가 선택하는 행위가 될 수 있다.

행위로 구성되는 친족 개념은 버틀러의 초기 이론에서 핵심이 되는 젠더의 '수행적 정체성performative identity'과 연결된다. 버틀러는 내부의 본질이나 중핵을 가정하지 않고, 행위 중에 가변적으로 구성되는 젠더를 주장했다. 젠더는 명사도, 속성도 아니며 언제나 동사로 이루어진 행위이다. 본질적 젠더라는 효과는 젠더 일관성의 규제적 관행 때문에 수행적으로 생산되고 강제된다. 본질의 형이상학이라는 담론 안에서 젠더는 수행적이며, 목적한 정체성을 스스로 구성한다. '젠더의 내적 고정성'이라는 외양을 반복해서 수행적으로 구성하는 행위가 수행적 젠더인 것이다. 젠더 속성이나 젠더 행위가 수행적이라면, 어떤 속성이나 행위가 측정되는 선험적 정체성은 없다. 이 수행성 논의를 친족과 결합해 보면, 딸이 딸이 되고 아버지가 아버지가 되는 것은 그 주체가 딸로서, 또 아버지로서 행동할 때 가능하다.

부모의 태생적 위치로 불변의 상징 체계를 확립하려는 정신분석학과, 행위에 따라 가변적으로 구성되는 친족 위치를 주장하는 수행성 논의는 각각 선천적 결정과 후천적 구성을 말한다는 점에서 대립적이다. 만일 정신분석학이 안티고네를 출발점으로 삼는다면 프로이트Sigmund Freud의 오이디푸스 콤플렉스도, 라캉이 말하는 오빠만의 '유일성singularity'도 주장할 수 없게 된다. 행위 과정에서 수행적으로 구성되는 개인의 정체성과 친족의 관계성은 정신분석학의 중추적 기반을 흔들면서 행위로 구성되는 '수행적 친족'을 논의할 새로운 관점을 연다.

안티고네는 어머니나 여성, 여동생이나 딸의 위상을 대표할수 없고, 여성적 저항이나 대지의 자궁으로 인간을 되돌리는여성적 행위를 의미하기도 어렵다. 유일한 상징적 오빠에 대한 사랑 때문에 맹목적으로 죽음을 향하는 순수 욕망의 윤리, 혹은 선을 넘어서는 숭고한 아름다움을 대표할 수도 없다. 그녀는 근친애의 딸이라서 친족 구조를 흔들고, 남성보다도 무모한 용기의 과잉을 보여 주어 젠더 역할을 전복한다. 또한 오이디푸스가 테베에서 추방되었을 때 콜로누스까지 동행하는 충정을 발휘해 아버지에게 아들로 불리고, 오빠 폴리네이케스가에테오클레스와 의절하듯 여동생 이스메네와 의절하면서 젠더역전gender inversion 양상을 보여 준다.

『안티고네의 주장』은 안티고네를 친족과 젠더가 복잡하게 얽힌 퀴어 주체로 읽어 내면서 근친애의 딸이자, 남자 같은 행위를 하는 그녀가 친족도, 젠더도 대표할 수 없다고 말한다. 「몸의 고백」이 오이디푸스보다는 크레온과 안티고네의 관계를 중점적으로 다루고 있으므로 이제 크레온과의 관계를 중심으로 안티고네의 퀴어 양상이 드러나는 장면에 주목할 필요가 있다.

첫 번째는 안티고네가 크레온에게 정면으로 맞서 자신이 오빠 폴리케이네스를 매장했다고 공적으로 선언하는 장면이고, 다른 하나는 남편도 아이도 대신할 수 없는 오빠의 유일성을 주장하는 장면이다. 이 두 장면에서 안티고네의 주장은 '발화 효과 수행문perlocutionary performative'으로 작용하며 첫 번째 장면은 젠더 역전의 효과를, 두 번째 장면은 친족 교란의 결과를 가져온다고 볼 수 있다. 수행문의 일종인 발화효과 수행문은 발화수반 수행문illocutionary performative과 달리, 발화 행위의 결과로 인한 효과가 즉각 발휘되는 것이 아니라 시간적 간격을 두고 발현된다. 그에 따라 예기치 못한 비틀린 방식으로 결과가 나타날 수 있다.

크레온에 정면으로 대항하는 첫 번째 장면은 젠더 역전의 수행적 효과를 가져온다. 안티고네는 매장 행위를 금지한 칙령을 어겼는지 묻는 크레온의 질문에 당당히 자신의 행위를 인정하면서 크레온에게 도전한다. 공적 공론장에서 국가의 법과 왕의 주권에 도전하는 안티고네의 모습은 강인하며 크레온만큼이나 남성적으로 보인다. 이는 크레온과 대등한 행위이자, 어

쩌면 더욱 강력한 행위라서 크레온에게 위협이 된다. 크레온은
이대로 굴복하면 안티고네가 남자가 되고 자신은 여자가 될 것
이라는 공포를 느낀다. 한편 하이몬은 크레온의 이런 여성화에
대한 공포를 가중시킨다. 안티고네의 안녕과 시민의 보편 정서
를 우려하는 아들은 여전히 아버지(크레온) 편인데, 아버지는 아
들더러 여자들 편이라 하니, 그럼 아버지가 여자인가를 되묻는
장면에서 말이다.

　크레온: 이 계집은 공표된 법령들을 어겼을 때 이미 반항에는 이
　　　골이 나 있었고, 저지르고 나서 자신의 소행임을 자랑하며
　　　기뻐 날뛰는 것은 두 번째 반항이오. 이번 승리가 벌 받지
　　　않고 그녀의 것으로 남는다면 정말이지 이제 나는 사내가
　　　아니고 이 계집이 사내일 것이오. (480-484)

　크레온(코로스 장에게): 보아하니, 이 애는 여자들 편인 것 같소.
　하이몬: 아버지께서 여자시라면. 저는 아버지를 위하여 염려하
　　　고 있으니까요. (740-741)

오빠의 유일성을 주장하는 두 번째 장면은 친족 교란의 효과를 가져온다. 남편이 죽으면 재혼하면 되고, 아이가 죽으면 새로 아이를 잉태하면 되지만, 오빠만큼은 유일무이해서 대체 불가능한 존재라는 안티고네의 주장은 처음부터 흔들린다. 아무도 대체할 수 없는 그 오빠가 누구인지 불분명하기 때문이다. 그녀가 목숨을 걸고 매장하려는 사랑하는 오빠는 딱히 폴리네이케스라고 확정할 수 없다. 가족 구조로 보면 에테오클레스가 될 수도 있고, 혈연적 위치로 보면 오이디푸스가 될 수도 있다. 어쩌면 테베의 흙에 안장되지 못해 애도에 실패한 다른 오빠, 콜로누스에 잠든 오이디푸스일 수도 있다. 거부된 애도는 우울증으로 이어진다.

이 두 장면에 나타난 안티고네의 주장은 젠더 역전과 친족 교란을 불러온 '발화효과 수행문'으로 작용한다고 볼 수 있다. 그래서 예견된 안티고네의 죽음만이 아니라 의도치 않은 많은 결과를 가져왔다. 안티고네는 물과 음식이 제한된 석실에서 굶어 죽는 형벌을 받았으나, 죽음을 기다리지 않고 리넨 천에 목을 매어 자살한다. 약혼자 하이몬은 석실에 찾아갔다가 안티고네의 죽음을 슬퍼하며 그녀의 시신 옆에서 칼로 자살한다. 이 사실을 알게 된 왕비 에우리디케는 아들을 잃은 슬픔에 제단 옆에서 칼로 가슴을 찔러 자살한다. 안티고네는 타인의 처벌이 아닌 스스로 죽음을 선택했고, 크레온의 아들과 아내는 예기치 않은 죽음을 맞았다.

『안티고네의 주장』에서 안티고네는 법의 무의식으로 인한 미결정성과 대표 불가능성을 말한다. 안티고네의 발화 행위는 치명적 범죄지만, 이 치명성은 그녀의 생을 넘어 담론의 치명성으로서, 일탈된 사회 형식이자 전례 없는 미래로서 담론 안으로 들어간다. 안티고네가 출발점이 되는 정신분석학은 근친애 금기의 법칙도, 이성애 규범에 입각한 젠더 모델도 따르지 않는 새로운 정신분석학의 시작이 될 수 있다. 이 새로운 정신분석학의 초점은 이성애의 치명성을 상징하는 비순수와 복합성의 주체, 모호성과 양가성의 주체에 놓인다.

4. 안티고네의 고백: 나와 너를 만드는 몸의 언어

『안티고네의 주장』이 친족도, 젠더도 대표하지 못하고, 대표성 자체를 거부하는 양가적이고 모호한 퀴어 주체의 위상을 읽어 내려 했다면, 「몸의 고백」은 안티고네가 오빠에게 갖는 무의식적 욕망을 정신분석 상담에서 발생하는 전이transference[33]의 관점에서 주목한다. 안티고네가 젠더 역전과 친족 교란의 주체라면 안티고네가 오빠에게 갖는 사랑은 이성애이기도 하고 동성애이기도 하며 폴리네이케스를 향한 것이기도 하고 오이디푸스를 향한 것이기도 하다. 그런데 버틀러는 「몸의 고백」에서 다시 한번 그 사랑을 정신분석학의 상담실로 가져온다. 오빠에 대한 사랑은 전이로 인해 크레온에게 투사되고, 안티고네가 크레온에게 고백하는 사랑의 발화행위는 두 사람뿐 아니라 둘의 관계, 나아가 그 관계를 둘러싼 규범까지도 새로 만들고 변화시킬 수 있다.

『안티고네의 주장』이 라캉의 『안티고네』 해석, 즉 상징적 가족 구조 속의 오빠의 '유일성'과 '순수' 욕망의 충동에서 오는 '숭고한 아름다움'을 비판적으로 조망했다면, 「몸의 고백」은 주로

---

33 정신분석 과정에서 내담자가 일으키는 여러 동일시를 말한다. 주로 내담자가 사랑하는 사람을 분석자와 동일시한다. 그 결과 피분석자는 분석자를 사랑하게 된다.

미셸 푸코Michel Foucault의 억압가설 논의,[34] 성 담론의 확산과 사목권력pastoral power[35]의 문제, 나아가 고백이 가져오는 자아 구성의 변화 가능성을 중심으로 『안티고네』를 재해석하고자 한다. 성에 관한 고백에서 비롯되는 사목권력은 자아를 통제하고 지배하기만 하는 것이 아니라, 고백이라는 담론 과정에서 고백자의 자아를 새롭게 구성할 가능성도 가지고 있기 때문이다. 버틀러는 안티고네의 공적인 매장 선언 행위를 내밀한 정신분석 상담실에서 이루어지는 사랑의 고백 행위로 다시 읽어 낸다. 또한 심리 치료사의 상담실을 고해 제도라는 사목권력이 변형된 공간으로 이해한다. 푸코에게 사목권력은 영혼을 관리하는 권력 형태인데, 보통 고백을 통해 고해자는 권위적 진리 담론의 통제를 받게 된다. 그러나 억압적 법칙 때문에 욕망이 그대로 침묵하는 것은 아니므로, 다른 사람의 존재와 발화의

---

34 푸코는 19세기에 억압되었던 성이 현대에 해방되었다는 억압가설에 반대한다. 오히려 현대의 정신분석학이 성을 억압한다고 본다. 생명관리권력 혹은 생권력의 관점을 말한다.

35 고해성사를 통해 성에 관한 고백을 듣고 그것에 대한 권력을 행사하는 가톨릭 신부들의 교회권력을 말한다.

도움으로 고해자는 담론 속에 자아를 새로 만들 수 있다. 「몸의 고백」은 전이/역전이 작용에 놓인 정신분석학의 상담실 안에서 고백이라는 몸의 언어가 보여 주는 자아 구성과 자기제작 self-making의 의미에 초점을 맞춘다.

1) 전이와 역전이

프로이트에 따르면 '전이'는 분석의 과정 중에 의식화되는 충동이나 환상의 복사본이며, 피분석자의 기억 속에 존재하던 대상을 분석자로 대체하는 특징이 있다. 「전이의 역동성」은 리비도[36] 충동이 의식과 무의식으로 분화되는 과정에서 무의식적 리비도가 전이로 표출된다고 설명한다. 리비도 충동의 일부는 적절한 진화 과정을 거쳐 정상적 성애로 나아가지만, 만족을 얻지 못한 나머지 리비도 충동은 환상이라는 예외적 방식 외에는 출구를 찾지 못해서 무의식으로 남아 있다. 현실에서 이런 좌절된 충동이 커지면 무의식적 리비도 집중이 증가하고, 이런 리비도 충동은 퇴행하여 어린 시절 원형적 이미지에 고착되는

---

36 프로이트가 말하는 성 에너지를 말한다.

경향이 있다. 이런 원형적 이마고imago[37]를 분석자에게 투사하는 것이 전이라 할 수 있다.

프로이트에게 전이는 항상 저항과 함께 나타난다. 피분석자에게 전이는 분석에 저항할 수 있는 가장 큰 무기이고 억압이 강할수록 저항 강도도 강해진다. 죄의식과 금기 때문에 자신의 욕망을 상대 앞에서 그대로 인정하기는 어렵다. 프로이트에게 전이는 의사와 환자 사이의 투쟁과 갈등이며, 전이에 대한 저항은 분석이 잘된다는 표시이기도 하다.

한편 크리스테바Julia Kristeva는 전이 중에 나타나는 갈등보다는 사랑의 과정에 주목했다. 분석의 결정적 효력은 사랑의 관계에 있으며 정신분석은 이론이 아닌 사랑의 실천이라고 본다. 그래서 정신분석학 대상은 전이와 역전이의 상황에 있는 두 주체가 주고받은 말에 불과하다고 주장했다. 전이의 과정에는 저항과 갈등도 있고 사랑과 연대도 있겠지만, 피분석자의 사랑의 대상이 분석자에게로 투사되고 이동하는 점은 공통적이다. 피분석자의 전이는 분석자에게도 유사한 반응을 일으킨다. 분석

---

37 상상 속의 완전한 이미지를 뜻한다.

자가 피분석자 주변 인물이나 피분석자와 자신을 동일시하는 무의식적 반응의 총체는 역전이counter-transference라고 불린다.

전이와 역전이를 생각하면 환자에 대한 분석자의 우위를 전제하기는 어렵다. 버틀러는 분석자를 '안다고 가정되는 주체', 즉 피분석자 위에 군림하는 절대적 주체로 상정하는 정신분석학을 비판하며 '고백'의 행위를 중심으로 언어와 몸과 정신분석의 관계를 다시 사유한다. 정신분석 상담실은 욕망을 고백하는 장소이고, 기독교에서 신도들이 죄를 고백하는 고해실의 역사적 후예라 할 수 있다.

푸코는 『성의 역사 1: 앎에의 의지』(1976)에서 1215년 라테라노 종교회의에 의한 고해성사의 법제화 이후부터 다름아닌 '고백'이 권력의 영역에서 중심적 역할을 해 왔다고 주장한다. 서양 사회에서 고백은 진실이 생산되리라 기대되는 중요한 의식으로 여겨졌다는 것이다. 18세기 이후 성에 관한 담론은, 육체보다는 영혼을 규제하는 '사목권력'을 행사하는 수단으로 이용되었고 그와 같이 이용되면서 사회 전반적으로 증가해 왔다. 그러나 버틀러에 따르면, 푸코는 이후 사목권력에 관한 자신의 설명을 수정하고, 고대 후기의 고해 제도의 역사로 거슬러 올라가 고백이 규제와 통제의 작용만 한 것은 아니라고 밝혔다. 푸코가 「자기해석학의 발생에 관해About the Beginning of the Hermeneutics of the Self」(1980)에서 초기 입장을 '자기비판autocritique' 하면서 고백을 새롭게 설명했다는 것이다. 이제 고백은 저 깊은 욕망을 '폭로'하려는 것이 아니라, 발화를 통해 순수한 지식과 단순한 의식을 실제 삶의 방식으로 '변환'하려는 노력이 된다. 욕망이 규칙 때문에 억압되고 침묵당하는 것이 아니라, 다른 사람의 존재와 발화의 도움을 받아 담론 속에 자신을 '구성'한다는 것이다. 자아는 발견되는 것이 아니라 진리의 힘을 통해 '구성'된다.

이제 정신분석 상담실은 교회의 고해실처럼 욕망과 관련된 죄를 고백하는 곳이다. 피분석자의 고백은 단순히 저 깊이 숨겨 둔 욕망을 드러내는 것만이 아니라, 분석자의 존재와 발화의 도움으로 담론 속에 자아를 구성하고 변화시킬 수 있다. 고해실이나 정신분석 상담실은 지배와 통제를 목적으로 하기보다는 고백자나 환자가 자신을 구성하고 변용하는 곳이다. 다시 말해, 욕망을 찾아내어 그 진실을 드러내기보다 "언어화 행위로 자기에 대한 진리를 구성"하고, 권력을 확대하려는 욕망보다는 "언어화 과정을 통해 전환이나 변화를 이루려는 욕망"이 초점이 되는 공간이다. 이런 전환이나 변화는 자아를 다른 방식으로 새롭게 구성할 가능성이 된다.

억압되어 감추어진 성이 있다면, 그것은 밝혀져야 하고 이렇게 밝혀진 것이 바로 진리라고 흔히 생각한다. 그러나 중요한 것은 욕망의 고백이 자기에 대해 말하는 언어화 과정에서 주체를 만들어 가고 그것을 듣는 청자에게도 변화를 줄 수 있다는 점이다.

'너'는 말 걸기의 기본 구조이고, 나는 상상의 영역에서 '너'를 구체화한다. 즉, 상담실에 있는 분석자의 존재는 피분석자에게 말하기의 기본 구조가 되고, 과거의 '상담실 언어'라는 '원형적 말하기' 형식을 통해 말하기가 이루어지긴 해도, 피분석자는 자신의 상상 속에서 분석자를 구체적으로 형성해 간다. 따라서 전이를 통해 작동하는 발화는 내 삶에 관련된 내용이나 정보도 전달하지만, 욕망의 도관이나 수사적 도구로 작동해서 말하기의 장면 자체를 바꾸거나, 그 장면에 영향을 줄 수도 있다

정신분석학의 전이는 자기노출의 발화 행위이지만, 내담자는 '욕망'과 '죄'를 고백하며 자신을 구성한다. 그리고 이런 욕망

과 죄의 고백은 피분석자뿐 아니라 분석자 또한 구성하며, 더 나아가 둘의 관계성까지 재구성하고 재창조한다.

한편으로 전이는 자기 자신에 대한 정보를 소통하고 전달하려는 노력이다. 다른 한편으로 전이는 말 걸기의 양태를 구조화하는 소통과 합리성과 연관된 무언의 전제조건들을 재창조하고 재구성한다. 따라서 전이는 분석 공간 안에 일차적 관계성의 재창조이자, 재구성이다. 그것은 분석 작업에 기초해 새롭거나 변화된 관계(및 관계성 능력)를 잠재적으로 생산할 수 있다. (*Giving an Account* 50-51)

이제 고백의 발화는 전이의 맥락에 놓여 상대와 영향을 주고받으며 둘의 관계성, 나아가 규범까지도 변화시킬 수 있다. 진리를 전하려는 자아의 고백은 욕망과 몸을 포기하라는 희생을 요구하기도 하는데, 이런 희생이 권력에 의해 강제되었다고만 보면 자아를 구성할 때 희생된 욕망을 놓칠 수 있다. 권위 있는 분석자가 그 욕망을 찾아내어 진실을 대중 앞에 드러내는 것보다 중요한 것은, 피분석자의 '언어화 행위 자체로' 주체의 진리를 구성하는 일이다. 이런 고백의 장면에서, 해석자의 역할은 감지하기 어려운 사유의 운동을 계속해서 '언어화'하는 것이고, 고백자의 역할은 불분명한 해석의 장으로 나아가면서 지속적인 자기구성, 혹은 '자기제작'을 하는 것이다.

이 과정은 역전이 때문에 분석자에게도 변화를 가져온다. 분석자 역시 자아를 구성하고 자기를 제작하며, 피분석자와의 관계를 재구성하고 수정한다. 볼라스Christopher Bollas는 자신이 분석하던 상담에서의 역전이 사례를 들면서, 전이 안에 또 다른 소통이 일어날 가능성을 말한다. 분석자가 병원에 내원한 피분석자, 혹은 내원자를 진료하던 중 느낀 감정을 내원자와 공유할 때, 분석자는 내원자와 전에 없던 방식으로 소통하게 된다. 그리고 이후의 대화는 더욱 밀접한 관계의 소통 양태를 구성하면서, '말 걸기의 기본 장면을 변경'하게 된다.

분석자가 내원자와 동일시하고 공감하게 되면, 내원자는 분석자를 자기가 원하는 대로 활용할 수 있으며, 그로 인해 생긴 역전이가 일군의 새로운 대상 관계들을 활성화시킨다. 이런 역전이는 객관적 분석을 위해 금지되어야 하는 것이 아니다. 오히려 분석자는 환자의 세계 안에서 길을 잃고 헤맬 필요가 있고, 자신의 감정과 마음 상태를 잘 모르겠다는 느낌 속으로 매번 빠져들어갈 필요가 있다.

이제 분석자와 내원자의 관계는 지배와 복종, 분석과 피분석이 아니라, 오히려 '감수성'과 '상호의존', '관계성'과 '탈아성to be ec-static'에 기초하게 된다. 탈아성은 열정 때문에 자제력을 읽고 자기 외부로 이동한다는 뜻이기도 하고, 분노나 슬픔의 감정적 격동 때문에 제정신을 잃고 어찌할 바를 모른다는 뜻이기도 하다. 서로 감정적으로 연관되어 상호의존하고, 관계를 맺으면서 자아의 외부로 나아가는 탈아적 관계성은 버틀러의 후기 논의에서 핵심적 주제 중 하나이다. 이제 고백은 스스로를 만들어 가는 과정, 즉 "언어화 과정을 통해 전환이나 변화를 이루려는 욕망"이 된다. 고백에서 발생하는 전이와 역전이가 환자뿐 아니라 분석자도 변화시키고 둘의 관계와 언어적 문법까지 재구성하게 된다. 고백에서 '발화된 말'은 '수행적 힘'을 펼치고, 이때 발생하는 전이가 분석자와 내담자뿐 아니라 둘의 언어 및 관계성의 규범까지 재구성할 수 있다.

2) 욕망의 고백

다시 안티고네의 고백으로 돌아오면, 이제 안티고네에게 중요한 대상은 오이디푸스도 폴리네이케스도 아닌 크레온이다. 크레온과 안티고네는 선과 미, 오만과 숭고, 남성과 여성의 관계이기보다는 정신분석 상담실의 '해석자'와 '고백자'의 관계가 된다. 안티고네의 말은 공적인 '주장'이 아니라 욕망의 '고백'이다. 상담실 내원자가 하는 은밀한 욕망의 고백은 어떻게 안티고네와 크레온을 변화시키고 나아가 둘의 관계를 재구성하여 언어적 문법까지 변화시킬 수 있을까?

무언가 고백할 것이 있다는 말은 이미 죄를 지은 몸이 있다는 뜻이다. 이미 죄를 지은 몸이 있을 때 고백은 그런 죄를 언어로 반복하면서 내 몸을 보여줄 뿐 아니라 그 몸을 움직여 나를 구성하고 제작한다. 법으로 금지된 오빠의 시신을 테베의 땅에 묻은 안티고네는, 국가의 칙령을 위반한 몸을 보여 주면서 그 몸으로 자신의 죄를 반복해 말한다. 그런데 안티고네의 고백은 의식적으로는 크레온을 조롱하고 국가의 칙령을 어긴 범죄를 고백하는 말이지만, 무의식적으로 보면 자신도 미처 알지 못한 오빠에 대한 사랑을 공인받으려는 욕망의 언어이기도 하다. 그리고 이 사랑은 젠더와 친족의 관점에서 이미 퀴어하다.

"내가 한 짓이라고 시인합니다. 부인하지 않겠습니다"라는 주장은 고백이 된다. 버틀러는 이 고백으로 공적 표명과 공적 인정을 원하는 안티고네가 크레온을 닮아 가기 시작했으며, 크레온을 자기고백의 청자로 의도했고, 크레온과 맞서는 순간에도 그의 존재를 필요로 했다는 점에 주목한다. 국법을 어긴 것이 분명하냐는 크레온의 질문에 안티고네는 자신의 죄를 인정하고 고백한다. 또한 장황히 늘어놓지 말고 간단히 말하라는 명령과, 혹시 칙령의 포고를 몰랐느냐고 재차 묻는 질문에도 자신의 죄를 고백한다. 포고를 잘 알고 있었지만 그 포고는 제우스의 것도 하데스의 것도 아니므로 따를 수 없었다고 정당화한다. 안티고네는 크레온과 동일시되며, 동시에 안티고네가 스스로를 설명하기 위해 반드시 크레온의 존재가 필요하다.

정신분석 상담실 속에서 일어나는 안티고네의 고백은 안티고네와 크레온, 또 둘의 관계, 나아가 근원적 이성애와 근친애 욕망이라는 문법까지 변화시킬 수 있다. 안티고네는 남성적 용맹과 만용을 보이며, 자신이 무의식적으로 사랑한 오빠를 떠올리고, 전이를 일으켜 오빠를 분석자와 동일시한다. 크레온은 역전이를 일으켜 자신을 피분석자와 동일시하면서 여성화된다. 안티고네는 젠더 역전과 친족 교란만 일으킨 것이 아니라 오빠/아빠에 대한 퀴어적 사랑을 크레온에게 투사하여 크레온을 변화시킨 것이다. 크레온은 진단하고 분석하며 판결하는 통치자의 언어를 구사해야 하지만, 감정에 연루된 나머지 안티고네와 자신을 동일시해서 여성화될 것에 공포를 느끼고, 남자로서 여자에게 굴복할 상황에 대해 두려움을 느낀다. 내담자와 동일시해서 여성이 될까 봐 두려워하는 동시에, 남자로서 여자에게 굴복할까 봐 화를 내는 이중성을 보여 준다.

크레온: 결코 한 여인에게 져서는 안 된다. 꼭 그래야 한다면 우리가 한 여인에게 졌다는 말을 듣느니 차라리 한 남자의 손에 쓰러지는 편이 더 나을 것이다.

크레온: 못난 녀석, 한 여인에게 굴복하다니!

남자 같은 여자 안티고네가 아빠일지 모르는 오빠에게 느끼는 퀴어한 욕망의 고백은 앞서 말한 두 장면을 통해 크레온에게 투사된다. 안티고네는 금지된 사랑을 투사해 크레온에게 남성적 만용도 부리고 오빠에 대한 애정도 고백한다. 크레온은 그 만용과 애정을 거부하다가 마침내 안티고네에 동화되고 그녀를 이해한다. 그래서 칙령을 위반한 사람을 공개적으로 돌로 쳐 죽이겠다는 포고와 달리, 안티고네가 석굴에서 먹을 음식을 준비하기도 하고, 나중에는 아예 마음을 바꾸어 처벌을 거두기도 한다.

여성화의 공포를 느끼고 통치자의 권위가 훼손당하는 데 분노를 느끼던 그는 점점 더 안티고네의 모습을 닮아 간다. 안티고네가 석실을 향해 가는 발걸음을 보고, 코로스장은 "나는 지금 모든 것을 잠재우는 신방으로 안티고네가 걸어가는 것을 보고 있다네"라고 말한다. 이 모든 분란의 출발지는 고운 신부의 두 눈썹 아래 매력을 발산하는 안티고네이며, 아프로디테의 힘으로 그녀의 매력이 승리한다는 코로스장의 말은 안티고네의 고백이 가져온 변화를 의미한다.

그녀가 향하는 '죽음의 석실'이자 '하데스의 신방'은 전이로 인해 발생한 변화라고 볼 수 있다. 안티고네의 고백, 즉 욕망을 내포한 몸의 언어는 안티고네와 크레온을 변화시킬 뿐 아니라 둘의 관계를 수정한다. 정신분석 상황에서 고백은 누군가의 욕망이나 행위를 말하는 소통이기도 하지만, 그것이 문제의 행동이 되고 분석자를 경청자로서 욕망의 장에 끌어들인다면 그 발화 자체가 또 다른 행위, 그 행위에 현실감을 주는 행위도 구성하기에 중요하다. 고백은 단순히 이미 있던 욕망, 이미 완결된 행동을 불러오는 것이 아니라 그 욕망과 행동을 변화시킨다.

안티고네의 죄의 고백은 자신의 행위가 욕망의 행위임을 고백하고, 욕망의 행위를 했던 몸을 보여 주면서 또 다른 욕망을 발생시킨다. 성에 관해 말하는 쾌락은 성의 쾌락일 수도, 성에 관한 말하기의 쾌락일 수도 있다. 고백의 말은 그것을 듣는 수신인이 있고, 그 수신인의 '인정'을 구하면서, 고백되는 행위를 공적인 것, 분명히 일어난 것으로 '확증'하는 말이기도 하다. 고백한다는 것은 그것을 공적으로 확증하기까지 비밀의 기간이 있었다는 뜻이고, 고백의 말이 검열을 받았으나, 아직 전달되지 않아서 아직 대화의 상호주관성의 장에서 그 의미가 구성되기 이전이라는 의미다. 비밀은 새로운 사건이 될 수도 있고 강제로 드러날 때는 분석 자료가 되지만, 비밀의 유지와 고백의 지연은 또 다른 죄의식으로 이어질 수도 있다.

"내가 한 짓이라고 시인합니다. 부인하지 않겠습니다."

이제 안티고네는 주권의 주장이 아닌 욕망의 고백을 한다. 표면적으로는 크레온의 국가법을 어기고 오빠 폴리네이케스의 시신을 땅에 묻었다는 고백이다. 이 고백은 저지르지 않은 죄에 대한 고백의 의미까지도 무의식적으로 함축하고 있다. 안티고네가 오빠를 매장한 죄가 그 자체로 성적인 것은 아니지만, 안티고네가 이런 고백을 할 때 어쩌면 자신이 저지른 것 이상의 죄의식을 느껴, 자신의 죄를 가중시키려 한 건 아닌지 의심된다. 죄의 행위보다 그것을 공적으로 선언한 고백의 행위가 그녀의 죄를 더욱 가중시키기 때문이다.

우선 안티고네의 몸의 고백은 자신이 의식적으로 '알고 있는 죄 이상의 것'에 대한 죄의식을 안고 있다. 안티고네는 크레온의 칙령에 불복했을 뿐만 아니라 그 불복 행위를 공론화함으로써 크레온의 권위를 조롱한다. 조롱하는 동시에 크레온의 남성성과 오만, 과잉된 확신을 닮아 간다. 자신이 거부하는 주권 모델을 흡수해 반복하는 것이다. 그래서 그 목소리로 자기 주장을 펼치는 순간, 권위의 거부와 흡수의 이중 작용을 통해 안티고네의 자율성이 희생된다. "오빠를 무덤에 안장하는 것보다 더 큰 영광을 어떻게 얻을 수 있었겠어요?"라고 말하는 안티고네는 자신을 희생해 자기 결단과 확신과 과도한 신념을 강행한다.

두 번째로 안티고네의 고백은 '몸의 행위'라서 자신이 언어화한 것 이상의 의미를 몸을 통해 크레온에게 전달한다. 오빠에 대한 변치 않는 사랑 때문에 금지된 행위를 했고, 그 행위에 대한 고백으로 인해 안티고네의 행위는 행위 자체에 고백까지 얹어 강화된다. 엄밀히 보면 안티고네에게 권력과 죽음을 동시에 주는 것은 '매장 행위' 자체가 아니라, 그 행위에 대한 '공적인 고백 행위'다. 안티고네는 법에 저항하는 동시에 그 법으로 자신에게 사형선고도 내린다. 프로이트는 범행 때문에 죄의식이 생긴 것이 아니라, 근원적 죄의식 때문에 범행이 생긴다고 주장했다. 이때의 근원적 죄의식이 오이디푸스 콤플렉스일 수도 있겠지만, 안티고네가 이미 젠더 역전과 친족 교란의 주체이므로 이 욕망은 복잡하게 얽혀 있다.

안티고네는 죽음만이 합당한 처벌이 될 것이라 느낄 만큼 큰 죄의식을 만들어서, 다른 범죄의 의도까지 함께 보여 주는 것처럼 보인다. 소중한 오빠를 위해 범죄를 저질렀다고 주장하는 안티고네의 주장은 맹목적이다. 그녀는 죽음을 향해 돌진하며, 동생 이스메네와도 의절한다. 그녀는 사랑하기 위해 태어났으며, 사랑 때문에 죽음을 향해 돌진한다. 또한 '오빠와 함께 눕기'를 원하며, 이 무덤을 오빠와 영원히 함께 있기 위한 '신방'이라 부른다.

> 안티고네: 나는 서로 미워하기 위해서가 아니라, 서로 사랑하기 위해 태어났어요.

> 안티고네: 그대는 제 가장 아픈 곳을 건드렸어요. 아버지의 악명 높은 파멸을, 이름난 랍다코스가 출신인 우리들 모두의 운명을! 아아 어머니의 침상에서 비롯된 재앙이여, 자기 친자식인 나의 아버지와의 불행하신 어머니의 동침이여. 가련한 나는 전에 그분들에게서 태어났고, 지금 저주받고 결혼도 못한 채 그분들에게로 내려가고 있어요. 함께 살기 위하여.

> 안티고네: 오오 무덤이여, 신방이여, 석굴 속의 영원한 감옥이여,

그리로 가는 내 가족들을 찾아 내려가고 있어요.

신방으로 불리는 무덤, 죽음을 향하는 사랑은 금지된 욕망이고, 이는 무의식적 죄의식을 만들어 죽음이라는 처벌로 이끌 범죄를 저지르게 한다. 처벌에 대한 욕망이 죄의 공적인 고백을 이끈 것이다. 지나친 범죄의 확증과 공적인 인정은 처벌에 대한 욕망이고, 그것은 자신이 미처 알지 못한 무의식적 욕망에 대한 것일 수도 있다. 그러나 근친애 욕망에 대한 처벌 욕망은 한편으로 그 처벌로 인한 욕망의 해방을 이끌 수도 있다. 오히려 처벌을 받는 대가로 문화적 금기에서 해방되어 영원토록 자유로이 오빠와 함께 눕는 시나리오를 상상할 수 있는 것이다.

고백이 정신분석의 장면에서 발생할 때 전달하는 욕망은 변화한다. 안티고네는 아버지를 사랑했다. 그래서 두 오빠가 정치권력을 다투고 있을 때 콜로누스로 아버지와 동행했다. 아버지에 대한 근친애적 사랑은 안티고네가 처한 친족 위계의 혼란으로 인해 오빠에 대한 사랑과 뒤섞인다. 안티고네에게 오빠는 오이디푸스도 폴리네이케스도 될 수 있다. 게다가 안티고네가 남성적 모습을 표출하면서 욕망은 이미 퀴어해졌다. 안티고네의 오빠에 대한 사랑 고백은, 모호한 죄의식에서 비롯된 '자살 행위'처럼 보이지만, 어쩌면 이 처벌에 대한 욕망은 무의식적 죄의식에서 벗어나려는 '해방 행위'일 수도 있다.

사실상 크레온이 자신을 처벌하리라는 예측이 안티고네로 하여금 욕망을 고백을 하게 만들었고, 그 고백을 통한 처벌로 죄의식이 해방될 것을 기대한다고 볼 수 있다. 다시 말해 크레온과 안티고네의 관계는 고해성사에서의 사제와 신도의 관계이면서 동시에, 정신분석 상담실에서 분석자와 피분석자의 관계이기도 하다. 모호한 죄의식을 안고 있는 고백은 자기부정을 두려워하는 동시에 처벌을 요청하는 발화 형태다. 역설적이게도 이런 처벌의 요청은 고백의 장면에서 처벌을 무효화해 달라는 요청으로도 볼 수 있다. 여기서 분석자는 분석의 특권을 내려놓고, 치명적 결과가 확실해 보이는 저주를 무효로 만들게 도와 달라는 간청으로 내담자의 고백을 받아들여야 한다.

무엇보다도 고백의 발화 행위는 '몸의 행위'이고 이 몸의 행위는 분석자에게 전달되어야 한다. 몸이 있고서야 말이 있을 수 있다. 몸 없이는 말도 없는 것이다. 몸이 없는 것처럼 보이는 순간에도 그 몸은 몸 없는 것처럼 행동한 것이다. 성적인 고백의 경우는 특히, 화자가 자기 몸이 겪은 일을 말하려 하고 그 말은 자신이 전달하는 행위에 개입한다. 또한 몸의 행위에 대해 말하는 몸은 이미 그 행위를 했던 같은 몸이다. 그래서 고백의 말을 통해 특정 행위를 했던 몸을 제시하며, 그 말 중에 죄의식을 표현한다. '고백'은 전이의 맥락에 놓인 화행speech act이고, 그때의 발화는 '몸의 말'이며, 이 말은 발화의 의도나 실제 발화의 의미를 넘어서는 의미를 전할 수 있다. 그래서 의도된 의미, 전달 양식, 의도되지 않은 효과의 구성은, 각각 다른 관계에서 다르게 나타난다 해도 특정한 통일체로 간주되어야 한다.

전이는 언어가 어떻게 교환되는가에 대한 문제이다. 하지만 그 자체로 '말'로 이루어진 것인 동시에 '말하는 몸'이 하는 언어적 교환이다. 내 입으로 말한 단어는 내 몸이 제공한 것이다. 단정적이거나 애매할 수도 있고, 마음에 당겨지거나 꺼려질 수도 있다. 둘 중 하나일 수도 있지만 동시에 둘 다일 수도 있다. 상담실의 소파는 몸의 수동성, 노출, 수용성을 강제한다. 그런 위치에서 몸이 할 수 있는 행위는 발화를 통한 것이다. 전이가 사랑의 한 형식이라면, 최소한 사랑의 관계를 연출하는 것이라면 언어 속에서 일어나는 것은 사랑이다. 말해진 단어는 몸의 행위이고 몸의 제유synecdoche[38]를 형성한다. 성대나 입이 전체 드라마를 연출하는 몸의 일부이며 이런 몸이 교환하는 것은 직접적 신체 접촉이 아니라 심리적 윤곽이다.

몸이 '노출'되는 이런 순간이 없으면 전이도 없다. 즉 모든 몸을 통한 언어적 노출은 의도한 것 이상을 드러낸다. 우리 안에 있는 미지의 부분을 우리가 예측할 수 없는 방식으로 드러내는 것이다. 언제나 뜻한 것보다 많은 것, 뜻한 것과 다른 것을 보여 주는 것이 정신분석 상담실의 고백이다. 이는 피분석자가 분석자의 통제를 받아 나약해지는 것이 아니라, 말하기를 통해 대화의 과정에서 새로운 방식으로 자아를 정교하게 만드는 순간이다. 이 '관계적' 순간이 고백이 일어나는 말하기의 구조이므로 우리는 타인에게, 타인의 존재 앞에, 타인이 있음에도 불구하고 말을 한다. 고백의 말하기는 행하기의 한 형식이고, 그 몸의 행위는 화자의 자아를 구성한다. 그리고 이들의 대화는 둘이 함께 행위하면서 다른 것이 되어 가는 양식이다. 이 교환 과

---

[38] 비유법의 하나로 사물의 일부를 들어 전체를 나타내는 방식이다.

정에서 뭔가 성취되지만, 그것이 완성될 때까지는 무엇이, 또 누가 만들어지고 있는지 알 수 없다.

정신분석 상담실에서 내담자의 고백 행위는, 분석자가 권위를 갖는 사건이 아니다. 오히려 피분석자가 처벌받을 만한 행동을 고백하면서 동시에 자신을 노출시키고 제작하는 구성적 사건이다. 고백은 처벌에 대한 무의식적 욕망이자, 처벌로 욕망이 해방되기를 염원하는 이중적 욕망이기도 하다. 버틀러는 『권력의 정신적 삶』에서 우리가 권력의 호명에 응답하는 것은 처벌에 대한 복종을 부르는 무의식적 죄의식을 심리 안에 갖고 있기 때문이라고 주장한 바 있다. 이 무의식적 죄의식은 처벌을 갈망하면서 동시에 욕망의 해방을 갈구한다.

5. 나와 너, 우리의 새로운 미래

안티고네를 비극적 비장미, 여전사의 영웅성, 숭고한 아름다움으로 만든 것은 그녀가 공포를 극복한 인간이라는 점에 있다. 공포를 극복하게 한 용기는 신념에 대한 확신과 초인적 의지에서 나온다. 죽음의 위험을 감수하는 안티고네의 진리 발화 행위에는 영웅적 아름다움이 있다. 하지만 그와 동시에 안티고네의 발화 행위는 여성, 가족, 친족의 대표성이나 상징성을 문제 삼는다. 안티고네는 여성이지만 대단히 남성적인 방식으로 행동하기도 하고, 오빠에 대한 사랑을 중시하지만 누가 오빠인지 모호하며, 친족을 대표하는 것 같지만 역설적이게도 모든 친족 관계를 흐려 놓는 위치에 있다. 게다가 크레온에게 당당히 매장 행위를 공언하는 고백의 발화 행위는 분석자와 피분석자의 심리 상담실에서 발생하는 너와 나의 전이 맥락에 놓여 있다. 사제와 고해자의 관계도 마찬가지지만, 상담가와 내담자와 관계는 일방적인 통제와 지배의 관계가 아니라 서로의 자아를 새롭게 만들고 변화시킬 수 있다.

21세기 미국 철학자이자 젠더 연구자인 버틀러는 안티고네를 대표성과 순수성을 거부하는 퀴어 주체로 읽어 냈다. 근친애의 딸이고 남성적 주권 질서를 흡수한 여성이라서 친족도, 젠더도 대표할 수 없다는 해석이다. 그런데 이런 해석은 친족이나 젠더가 행위로 구성되는 수행적인 것이라고 주장할 수는 있어도, 이성애 규범 사회 속에 억압된 퀴어적 욕망을 표면화하고 규범의 맥락을 변화시키기는 어렵다. 그래서 이번에는 안티고네와 크레온의 전이 관계에서 발생하는 상호변화 가능성에 다시 한번 주목한다. 안티고네와 크레온의 관계는 정신분석 상담실의 내담자와 분석자의 관계이고, 전이와 역전이를 통해 두 주체를 새롭게 구성하는 동시에 둘의 관계를 제작하는 과정에 있다. 안티고네가 저지르지 않은 무의식적 욕망을 노출된 몸의 언어로 전달했다면, 고백이 일어나는 상담실은 욕망의 언어로 수행되는 주체 구성과 변화의 가능성을 보여 줄 수 있다. 또한 안티고네의 처벌 욕망은 처벌되지 않는 퀴어 욕망의 해방을 갈구하는 것일 수 있다.

안티고네의 고백에서 퀴어 욕망의 해방구를 발견하려는 노력은 억압되어 온 '타자'에게 말을 걸어 목소리를 주려는 시도로 보인다. 프로이트나 라캉의 정신분석학이 제도권 철학의 타자라면, 여성 주체의 욕망 연구는 남성중심적 정신분석학의 타자이고, 행위 친족론이 혈연 친족론의 타자라면, 버틀러의 무의식적 퀴어 욕망 읽기는 고귀한 영웅의 몰락이라는 고전적 비극 읽기의 타자가 될 것이다. 권력에 길들여진 자아에서 벗어나서 그것에 복종하지 않는 자아를 스스로 구성하면서 말이다.

영웅 안티고네를 모호하고 양가적인 퀴어 주체로 만들고, 나아가 이성애와 동성애를 오가는 아버지와 오빠에 대한 무의식적 욕망을 가진 주체로 해석하는 것은 타자 중의 타자에게 언어를 주려는 것이고 의식으로 해석되지 않은 무의식에 목소리를 주려는 몸짓이다. 안티고네는 저지르지 않은 무의식의 죄를 고백하고 처벌받겠다는 욕망의 몸짓으로 움직인다. 그 처벌에 대한 욕망은 처벌로 인해 죄의식을 없애고, 규범이 허락하지 않은 새로운 규범을 열어 복합적 퀴어 맥락의 욕망을 허용하고 용인하라는 요청일 수 있다. 그래서 안티고네의 몸의 고백은 퀴어적 욕망을 발산할 역설적이고 이중적인 가능성일 수 있다.

5장
무엇이 인간인가?

『젠더 허물기』가 마지막으로 제기하는 문제의식은 '인간'이라는 범주다. 무엇이 인간이고, 무엇이 인간이 아닌가? 인간을 인간으로 인정하는 관점은 사회적으로 표명된 것이고 가변적인 것이다. 한 개인에게 '인간됨'을 부여한 바로 그 동일한 관점이 때로는 다른 인간에게서 똑같은 지위를 박탈하기도 한다. 인간과 덜된 인간less-than-human의 차이를 만들어 내는 것은 사회의 인정이다. 그리고 그런 인정은 인간을 인간으로 규정하는 사회적 규범과 규약에서 온다.

살 수 있는 삶과 살 수 없는 삶도 인정의 체계에서 온다. 예컨대 이성애 가족 중심 사회에서 동성애나 양성애자가 꾸리는 비혼의 삶, 자본주의 경쟁 사회에서 고요한 자족을 원하는 삶, 이성 중심 사회에서 감정을 중시하는 삶은 살기가 쉽지 않다. 이들은 자녀를 생산하지 않는 이기주의자나 쾌락만을 추구하는 아웃사이더 혹은 회색분자로 대우받기 쉽고, 경쟁에서 낙오되어 윤택한 생활을 하기 어려우며, 조직이나 단체에서 인정받는 리더가 되기도 어렵다.

건강한 신체와 이성의 단련을 강조하는 사회에서 장애자의 삶은 더 말할 것도 없다. 장애자의 몸이 가지는 차이는 차이 자체로 수용되기보다 차별의 근거가 되기 쉽다. 젠더 위화감도 심리적 질환으로 간주된다면 이성애 사회의 동성애자나 트랜스젠더, 혹은 규범적 섹슈얼리티에 만족하지 못하는 사람들은 일종의 정신적 장애인으로 간주된다. 장애인 운동이나 인터섹스 행동주의의 요구는 생명의 가치를 새롭게 바라볼 것을 촉구한다.

이들은 정신적 장애인으로만 여겨지는 것이 아니라 현실에서 목숨의 위협을 느끼기도 한다. 여자처럼 걸었다는 이유만로 물에 던져져 익사한 찰리 하워드Charlie Howard, 남자처럼 행동했다는 이유로 친구에게 강간당하고 총에 맞아 살해당한 브랜든 티나, 게이라는 이유로 납치되어 고문당하다가 죽은 매튜 세퍼드Mathew Shephard, 매력적인 여자인 줄 알았는데 알고 보니 남자였다는 이유로 구타당하고 교살당한 그웬 아라우조Gwen Araujo. 이들은 모두 시스젠더 사회에 스며든 트랜스젠더 공포증[39]의 희생자들이다. '남자가 남자답지 못하다'는 것이 살해당할 이유인가? 이들은 트랜스젠더라는 이유로, 여성스러운 게이 남자라는 이유로, 남자인데 여자처럼 걷고 행동했다는 이유로 물리적, 성적 폭력을 당하고 목숨을 빼앗긴 사람들이다. 포스트페미니즘으로는 해결하기 힘든 현실의 이분법이 낳은 끔찍한 폭력이다. 지금은 여성과 남성의 구분이 사라진 시대이니 페미니즘이나 젠더 논의가 무용하다고 말할 수 없다. 차이가 폭력으로 직결되는 사례가 가까운 주위에 여전히 남아 있다.

인간은 단순히 먹고, 자고, 배설하는 삶을 원하는 게 아니라 인간다운 삶, 인간적인 삶을 원한다. 그런데 어떤 면에서 '인간적 삶'이라는 말은 까다로운 말일 수 있다. '인간답다고 인정되

---

39 트랜스젠더 공포증은 트랜스젠더를 보고 자신의 정체성에 위협을 당할까봐 공포를 느끼는 증상을 말하는데, 많은 경우 트랜스혐오를 정당화하는 심리 기제로 쓰여서 트랜스혐오와 동의어로 여겨지기도 한다.

는 삶'이라는 특정한 삶을 말하는 것처럼 보이기 때문이다. 그러나 면밀히 보면 이때 '인간적'이라는 형용사의 수식을 받는 '삶'은 인간을 인간적이지 않으면서 살아 있는 것과 연결하고 이 연결의 한가운데 인간적인 것을 설정한다. 인간이 인간이기 위해서는 인간적이지 않은 것, 인간의 경계 밖에 있는 것과 관계를 맺어야 한다. 자신이 아닌 것과의 상호관련성 속에서 인간 존재가 구성되기 때문이다.

인간이라는 범주는 그 범주 안에 권력의 문제를 역사적으로 안고 있다. 그 권력은 유색 인종, 성적 소수자, 혹은 신체적 · 지능적인 약자를 배제하는 방식으로 이어져 왔다. 인간이 구성되는 인정의 규범이 있고, 그 규범이 권력 작용을 기호화한다면, 인간의 미래에 대한 경쟁은 그 규범 안에서 또 그 규범을 통해 작동하는 권력을 향한 경쟁이 될 것이다. 우리가 추구할 차이에 대한 관점은 차이를 찬양하자는 것이 아니다. 규범에 동화되는 삶의 양식에 저항하는 삶을 알리고 유지할 더 넓은 조건을 확립하자는 것이다.

인간을 인간이게 하는 관념 작용에는 우리 자신의 차원이 있고, 우리가 알지 못하는 타인과의 관계가 있으며, 이런 미지성은 존재의 조건으로 남겨진다. 이것은 생존 가능성의 조건이기도 하다. 우리는 우리가 알지 못하는 것, 알 수도 없는 것에 의해 내몰리는데, 그런 내몰림의 힘은 생물학적인 것만도, 문화적인 것만도 아닌, 생물학과 문화의 밀도 높은 집중 속에 일어난다.

누가 인간으로 간주되고 누가 인간으로 간주되지 않는가? 이것은 인간다운 인간에 대한 관념을 구성하는 당대의 권력과 관련될 수 있다. 한편 이것은 인간을 인간으로 생각하기 위한 기본적 인식의 확장을 가져올 수도 있다. 젠더나 섹슈얼리티는 나의 박탈을 가져올 수 있지만 그것은 동시에 내가 구성되는 조건을 나타낼 수도 있다.

특정한 젠더를 보유하고 있는 나는 어떤 젠더가 됨으로써 허물어져 버렸고, 그 젠더는 내가 완전한 주인일 수 없는 사회성 속에 구성되어 있다. 그래서 언제나 다른 데 있고, 뭔가 나의 너머에 있는 것을 향해 움직인다. 젠더는 이제 나를 허물 것이다. 그리고 이런 허물기가 바로 나를 이해할 가능성이 된다.

섹슈얼리티도 마찬가지다. 섹슈얼리티는 내가 가진 속성이기도 하지만 내 권리를 박탈하는 수단이기도 하다. 나는 섹슈얼리티 때문에 허물어질 수 있다. 이성애 사회에서 게이나 레즈비언이라는 것, 양성애니 무성애라는 것은 나를 무너뜨리고 나의 삶의 가능성을 축소하는 요건이 될 수 있다. 그러나 섹슈얼리티는 나를 허물면서 나를 인식할 가능성이 되기도 한다. 이런 섹슈얼리티도 규제의 장 안에 있는 즉흥적 가능성으로 이해할 수 있다.

그와 반대로 섹슈얼리티는 다름 아닌 규제의 장 안에 있는 즉흥적 가능성으로 등장한다. 그러나 무언가가 어떤 그릇 '안에' 있는 것처럼 섹슈얼리티도 그런 규제들 '안에' 있는 것으로 생각되지는 않는다. 즉 섹슈얼리티는 규제들 때문에 소멸되기도 하지만, 규제 때문에 가동되고 자극되기도 하며, 때로는 몇 번이고 되풀이해서 생산되기 위해 규제를 필요로 한다. (32)

인간을 인간으로, 삶을 삶으로 가능하게 하는 데는 몸의 관계성이 필수적이다. 나의 젠더와 섹슈얼리티가 노출되고, 사회적 과정이 연루되고, 사회적 의미 속에 이해되는 것은 몸을 통해서 이루어진다. 몸은 능동적인 행위 하기와 수동적인 행위 당하기가 동시에 이루어지는 곳이다. 내가 내 것이라고 주장하는 몸은 행위보다 좀 나중에 오는 데다 다소 모호하다. 사랑하는 사람을 상실했을 때 느끼는 슬픔은 단순한 감정일 뿐만이 아니라 정치적 자원이 되기도 한다. 슬픔에 머물러 있으면서, 폭력을 통한 슬픔의 해소를 추구하지 않는 것은 생명의 관계성에서 중요하다. 무엇보다 긴급한 과제는 생명을 앗는 폭력을 중단하는 일이기 때문이다. 인간의 몸이라는 근본적 취약성은 인간의 인간됨, 혹은 인간의 공통의 토대가 될 수 있다.

다시 한번 말하자면, 인간을 인간이게 하는 것은 당대의 제도권력일 수 있다. 그리고 제도권력이 만든 규율 담론일 수도 있다. 이런 담론은 규범적인 삶과 비규범적인 삶 간의 위계를 만들어 비규범적인 삶의 생존 가능성을 약화시킬 위험이 있다. 그러나 다른 한편 인간을 인간이게 하는 것은 몸의 취약성이라는 공통의 토대일 수도 있다. 가장 큰 비인간화, 탈인간화는 생명을 위협하는 신체적 폭력이고 평등한 인간의 죽음에 차등적 인식성을 주는 위계적 애도 가능성이다.

비현실적이라고 불린다는 것은 사회 속의 '타자'가 된다는 것이다. 그리고 인간은 이런 타자에 반해서 형성된다. 그것은 비인간적인 것, 인간 너머의 것, 인간에 미치지 못하는 것이며, 한 편으로는 인간의 현실 속에 인간을 보장해 주는 경계선이 되기도 한다. 억압을 받기 위해서는 우선 인식이 가능해야 하는데, 인식이 되지 않는다면 인간이 될 자격조차 얻지 못한 것이다. 인간으로서 우리가 지속될 능력은, 우리의 외부에 있고, 더 넓은 사회성 내부에 있다. 우리는 사회성에 의존하고, 이런 의존성이 우리의 지속 가능성과 생존 가능성의 기초가 된다.

다시 한번 인간을 인간이게 하는 것이 무엇인지 질문해 볼 수 있다. 인간은 동물과 달리 가치, 의미, 목적을 추구한다. 그저 그런 삶이 아닌 좋은 삶, 가치 있는 삶, 의미 있는 삶을 살고자 한다. 죽어서도 생전 이름을 묘비에 새겨 한 사람으로서의 생의 의미를 되새긴다. 사랑과 욕망도 삶의 한 의미다. 젠더나 섹슈얼리티의 측면에서 어떤 성적 권리를 주장한다는 것은 인정의 욕망과 관련되어 있다. 우리는 서로 사랑하고 욕망하며, 사랑을 잃어서 그 상실에 슬퍼하고, 부당하게 배분된 죽음의 애도 가능성에 분노한다.

지구적 네트워크와 공존의 시대에 인간을 인간이게 하는 것은 무엇일까? 한편으로는 당대의 인정 규범이고, 다른 한편으로는 몸을 가진 취약한 인간의 사회성과 상호의존성이다. 전자는 규범적 이상을 구현한 정도에 따라 위계적 차별 구도를 만들지만, 후자는 우리 모두가 한 개인으로는 부족해 서로에게 기대는 평등한 공동체를 만든다. 우리는 당대의 사회가 가장 이상적인 것으로 간주하는 규범적 삶을 추구하지만 그런 삶은 비규범적 삶을 병리화하거나 죄악시하거나 심지어 적대시해서 폭력을 가할 수 있다.

전 지구적 상호의존의 시대에 상대에 대한 폭력은 생명의 유대에 대한 파괴이고, 나의 삶의 가능성을 위협하는 것이기도 하다. 이제 우리가 '능력주의meritocracy'와 '성과주의'로 평가되는 자족적 개인이기보다는 서로가 서로에게 의존하는 상호의존적 존재라는 생각이 필요한 때인지도 모른다. 이런 사유는 버틀러가 『비폭력의 힘』에서 주장하는 비현실적이지만 필요한 공동체, '평등주의 상상계egalitarian imaginary'의 논의로 이어진다. 폭력이 차이에 대한 규범의 반응으로 오는 것이라면, 타자에 대한 비폭력적 대응은 타자와 마주하면서 타자에 대한 미지성을 안고 사는 것이다. 인간 개념을 특정하게 규범화하기보다 미래의 표명으로 열어 두어야 할 필요성은 국제 인권 담론 및 정치 기획에서 매우 중요한 문제다. 타인에 대해 나를 열어 인간의 개념을 미지성의 미래로 열어 두는 것, 이것이 내가 함께 살기로 택한 적 없는 80억에 가까운 세계인과 공존할 인간다운 삶의 가능성이 된다.

| 나가며 |

　버틀러는 최근 들어 모든 인간의 평등을 위한 토대로서 애도 가능성과 상호의존성에 한층 더 주목하고 있다. 젠더 이론과 퀴어 논의 및 페미니즘을 중심으로 한 전기 경향에서 정치 이론과 윤리의 문제, 그리고 타자와의 관계성을 중심으로 한 후기 경향으로 전환하게 만든 계기는 9/11 사건이고, 그 사건 이후 발간된 『젠더 허물기』와 『불확실한 삶』이다. 버틀러를 퀴어의 여왕에서 인간됨의 의미를 철학적으로 고찰하고 미국의 관타나모 포로수용소나 이스라엘 국가 정책을 비판하는 등의 현실 정치 운동가로 만든 전환점도 이 두 권의 책이라 할 수 있다. 그렇다면 『젠더 트러블』과 『젠더 허물기』는 무엇이 다르고 무엇이 여전히 같은 문제의식을 공유할까?

　모야 로이드Moya Lloyd에 따르면, 버틀러가 유명해진 것은 섹스, 젠더, 욕망, 몸의 이론가로서이지만, 버틀러는 주체가 언어로 인해 인종적으로 복종하게 되는 다양한 방식에도 관심이 있다. 특히 『불확실한 삶』, 『젠더 허물기』, 『윤리적 폭력 비판』은 무엇이 살기 좋은 삶을 만드는가라는 주제로 관심을 선회하게 한 저작이다.[40] 이런 전환이 인간의 문제 그리고 윤리의 문제를 사유하게 했다고도 볼 수 있다. 한편 버틀러의 관심은 여전히 규범의 폭력과 문화적 인식 가능성에 있다. 즉 문화적으로 특정한 규범이 '누가 의미 있는 삶을 살 수 있는 주체로 인정되는지'를 어떻게 규정하는가의 문제 말이다. 그렇다면 주체는 젠더에서 인간으로, 젠더 정체성에서 삶의 가능성으로 변화했지만 여전히 그런 젠더와 인간됨을 인식하고 인정하는 것은 '문화적 규범'이다.

대체로 버틀러의 학문적 경향은 젠더를 중심으로 정신분석학과 해체론에 기반해 이론적인 연구에 주력한 전기 논의와, 인간됨이나 삶을 초점으로 현실의 정치 철학과 윤리학에 집중한 후기 논의로 크게 분류할 수 있다. 『욕망의 주체』부터 『안티

---

40   Moya Lloyd, *Judith Butler* (Cambridge: Polity Press, 2007), p.134.

고네의 주장』까지는 기존 페미니즘과 구조주의에 대한 비판적 관점에서 섹스, 젠더, 섹슈얼리티가 의미화되는 담론권력과 규범 지형에 대한 이론적 천착이라 할 수 있다. 반면, 『젠더 허물기』와 『불확실한 삶』을 기점으로 복잡한 이론보다는 현실의 문제가 전경화되면서 인터섹스, 성소수자에게 박탈된 권리뿐만 아니라 전쟁 포로의 인권 문제, 민주주의를 향한 정치집회, 이스라엘의 반 평화적 국가 정책에 반대하는 유대인의 입장을 현실 맥락에서 구체적으로 논의한다.

이 중 버틀러의 전기 대표작이라 할 『젠더 트러블』에서 젠더는 무대 위에서 연출하는 연기처럼 행위 중에 구성되는 임시적이고 가변적인 수행적 정체성인 반면, 후기 논의로 가는 전환점에 있는 『젠더 허물기』에서 젠더는 규범이라는 사회성과 감정이라는 상호관계성으로 허물어지는 것으로, 보다 폭넓은 사회 세계 속의 인식 가능성이나 인정 가능성을 의미한다고 말한다. 『젠더 트러블』에서 원본 없는 복사본의 패러디, 행위 뒤에 행위자 없는 수행성, 복종과 재의미화의 역설을 안은 반복 복종, 타자를 주체 안에 보유하는 우울증의 양식으로 구성되던 젠더[41]가 『젠더 허물기』에 오면 사회성과 관계성으로 허물어지면서 개인의 자율성을 구성하는 개인 이전의 규범, 규약, 규제 들을 더욱 전면화한다.

『젠더 트러블』의 젠더는 본질처럼 보이기 위해 반복되어 온 몸의 양식화이자 반복된 일단의 행위이지만, 『젠더 허물기』의 젠더는 나를 구성하는 우리의 패러독스, 개인에 녹아든 규범의 역설이다. 여기에 '행하기'와 '허물기'의 역설이 있다.

『젠더 트러블』에서 젠더는 본질이나 자연의 외관을 하고 있지만 사실상 규제적인 몸이나 행위의 양식화라고 주장했던 버틀러는, 이제 『젠더 허물기』에 와서 우리는 서로에 의해 허물어지고, 누구든 항상 온전한 상태로 있을 수 없으며, 내 몸은 내 것인 동시에 내 것이 아니라고 말한다. 다시 한번 강조하건대, 젠더는 규제의 장 안에서 일어나는 즉흥적 행위이다. 아무리 개인의 즉흥적 행위라 해도 그것이 규제의 장을 벗어날 수는 없다. 초기 젠더 수행성 논의가 주장했던 것처럼 젠더는 여전히 행위지만, 어느 정도는 우리가 알지 못한 채 우리 의지와

---

41   수행성, 패러디, 반복, 복종, 우울증 방식의 젠더 정체성 논의는 다음을 참고하라. 조현준, 『주디스 버틀러의 젠더 정체성 이론』(서울: 학술정보연구, 2007), 3장 참고.

상관없이 부단히 행해진다는 점이 과거와 달라졌다. 젠더가 자신의 의지와 무관하게 행해진다고 해서 자동적이거나 기계적인 행위는 아니다. 다시 말해 젠더에는 '개별적 즉흥성'과 '사회적 규제성'이라는 두 가지 상반된 모습이 병존한다. 젠더는 한 사람의 외부에도, 또 내부에도 있다.

『젠더 트러블』은 매우 논쟁적인 이론서로 시몬 드 보부아르, 뤼스 이리가레 등의 페미니스트뿐 아니라 지그문트 프로이트나 자크 라캉, 줄리아 크리스테바 등의 정신분석학자의 논의, 심지어는 미셸 푸코와 모니크 위티그의 섹슈얼리티와 레즈비언 논의까지 비판적으로 검토하고 있다.[42] 반면 『젠더 허물기』는 그로부터 10여 년이 지나 사회적 맥락을 강화한 글을 모아 새롭게 묶어 낸 책이다. 나는 나의 외부에 의존하는 구성적 타율과 관계적 감성 속에 우리로 존재한다.

---

[42] 『젠더 트러블』의 논쟁은 크게 5가지로 요약될 수 있다. 그것은 ① 보부아르의 이원론과 이리가레의 이원론 비판, ② 라캉의 상징계 비판, ③ 프로이트의 이성애 비판, ④ 크리스테바의 모성성 비판, ⑤ 푸코의 양성구유 여성의 쾌락과 위티그의 레즈비언 이상화 비판이다. 이 논의로는 다음을 참고하라. 조현준, 『젠더는 패러디다』(서울: 현암사, 2014).

전기의 젠더 계보학에서 후기의 정치윤리학으로 가는 기점에 있는 『젠더 허물기』는 무엇보다도 센더에서 '인간'으로, 나에서 '우리'로 인식 지평을 확대한다. 『젠더 트러블』이 패러디, 수행성, 반복 복종, 우울증의 방식으로 구성되는 젠더 정체성으로 기존의 이분법적 도식을 해체하고 인과론을 전도하는 퀴어적 형성 방식에 주목했다면, 『젠더 허물기』는 여성이면서 사회적 소수자로, 또 성적 소수자로, 철학의 소수자로 살아가는 '인간', 또 그 인간의 사회적 모임인 '우리'라는 공동체에 집중한다. 나를 나라고 말할 수 있는 인식, 우리를 우리라고 말할 수 있는 기준은 이미 나의 외부, 우리의 외부에 있다. 그것은 나를 벗어난, 내 옆 혹은 내 외부에서 비롯된 나의 정체성이고 그런 의미에서 탈아적이다. 우리가 스스로 선택하거나 결정한 적 없는 세상에 던져져, 나 이전의 세상이 가진 인식론과 판단 기준으로 이해되는 존재라면 우리 존재의 근원은 우리 내부라기보다는 우리의 외부에 있다. 나는 누구와 방을 함께 쓸 것인지는 결정할 수 있어도 80억 가까운 세계인구 중 누구와 공존할 것인지는 결정할 수 없다.

이제 현실의 정치윤리학적 문제가 더욱 전경화된다. 이론의

미로 속에 갇혀 있던 버틀러는 스스로를 철학자, 여성, 퀴어로 자신을 드러낸다. 비제도적 방식으로 철학 교육을 받았으며, 페미니즘 철학을 이론이라는 이름으로 수행하는 여성이자 레즈비언으로서 자신의 구체적 상황도 노출시킨다. 또한 트랜스나 인터섹스의 영역에 있는 몸에 대한 강제적 성 교정 수술의 부당함을 주장하고, 이성애나 동성애로 규정할 수 없는 브랜든과 라나의 복합적 성애 양상에 주목한다. 고대 그리스 비극 드라마 속의 크레온과 안티고네의 관계를 분석자와 피분석자의 관계로 재독하고자 하고, 현대에 와서도 동성애 공포증으로 인해 고통받았던 브랜든 티나와 매튜 셰퍼드, 그웬 아라우조 등의 불행한 삶을 전면화하면서 기존의 이론적 접근과는 매우 달라진, 구체적이고 현실적인 정치과 윤리가 만나는 지점을 부각시킨다.

마지막으로 문화 번역은 차이에서 오는 도전을 배제하지 않으면서 어떻게 인식성의 척도를 문제 삼는 이런 차이를 대면할 것인가의 문제와 맞닿아 있다. 그것은 나와 다르다는 것, 그 차이가 내 존재에 위기와 문제를 가져온다고 하더라도 '차이를 받아들일 수 있는 윤리적 방식'에 대한 고민이기도 하다.

어쩌면 『젠더 허물기』는 젠더에서 삶으로, 나에서 우리로 이행하면서 젠더의 철학화, 철학의 젠더화를 수행했고 이를 통해 사실상 철학을 얻은 반면, 일부 비평가들의 말대로 젠더를 잃었는지 모른다. 나에 선행하는 너, 나의 경계를 불확실하게 하는 너는 '너 없는 나'의 정체성의 필연적 실패를 이끌 윤리적 자원이기도 하다. 젠더가 허물어지면서 이제 나의 젠더, 나의 인간됨 혹은 내가 인간으로 인식되거나 인정될 가능성에 나보다 앞서는 타자의 중요성이 제기된다.

개별적이고 단독적인 나는 사회성과 문화 규범 위에 구성된 '우리'에 의존하고 그에 따라 '우리'로 허물어진다. 자율적이고 독립적인 근대 젠더 주체가 누구도 혼자서는 살 수 없다는 현실의 상호성이 부각된다. 현실의 젠더는 상호의존과 상호관계에 열려 있어서 자율적이지도 독립적이지도 못하다. 그것은 타율적이고 관계적인 우리, 그것을 지탱하는 사회 규범과 문화 토대, 또 그 인식 가능성과 인정 가능성을 만드는 담론에 달려 있다. 그래서 우리의 젠더, 우리의 삶은 몸이라는 유한성과 한계성을 토대로 해서, 사랑과 슬픔의 관계적 감성 속에 서로 기대고 의존하며 뜨겁게 사는지도 모른다.

버틀러의 저작과 국내 번역

1987. *Subjects of Desire*.

1990. *Gender Trouble*; 2008. 『젠더 트러블』(조현준 역, 문학동네).

1993. *Bodies That Matter*; 2003. 『의미를 체현하는 육체』(김윤상 역, 인간사랑).

1997. *Psychic Life of Power/ Excitable Speech*; 2016. 『혐오 발언』(유민석 역, 알렙).

2000. *Antigene's Claim*; 2005. 『안티고네의 주장』(조현순 역, 동문선).

2003. *Contingency, Hegemony, Universality*; 2009. 『우연성, 헤게모니, 보편성』(박미선·박대진 역, 도서출판b).

2004. *Undoing Gender*; 2015. 『젠더 허물기』(조현준 역, 문학과지성사).

2004. *Precarious Life*; 2008. 『불확실한 삶』(양효실 역, 경성대학교출판부); 2018. 『위태로운 삶』(윤조원 역, 필로소픽).

2005. *Giving an Account of Oneself*; 2013. 『윤리적 폭력 비판』(양효실 역, 인간사랑).

2007. *Who Sings the Nation State?*; 2008. 『누가 민족국가를 노래하는가?』(주해연 역, 산책자).

2009. *Frames of War: When is life grievable?*.

2012. *Parting Ways*; 2016. 『지상에서 함께 산다는 것』(양효실 역, 시대의창).

2013. *Dispossession*; 2016. 『박탈』(김응산 역, 자음과모음).

2015. *Senses of the Subject*.

2015. *Notes toward a Performative Theory of Assembly*; 2020. 『연대하는 신체들과 거리의 정치』(김응산·양효실 역, 창비).

2020. *The Force of Nonviolence*; 『비폭력의 힘』(김정아 역, 문학동네).

2021. *Bodies that Still Matter*.

[세창명저산책]

세창명저산책은 현대 지성과 사상을 형성한 명저를 우리 지식인들의 손으로 풀어 쓴 해설서입니다.